AVENIR

DE

LA MÉTALLURGIE

EN FRANCE

VIS-A-VIS DES TRAITÉS DE COMMERCE

FONTE, FER ET ACIER

PAR

M. FURIET

INGÉNIEUR AU CORPS IMPÉRIAL DES MINES.

❯❯❯❯❯❮◇❯❮❮❮❮

PARIS

DUNOD, ÉDITEUR

LIBRAIRE DES CORPS IMPÉRIAUX DES PONTS ET CHAUSSÉES ET DES MINES

49, Quai des Augustins

1862

AVENIR

DE

LA MÉTALLURGIE

EN FRANCE

V

CORBEIL. — TYPOGRAPHIE ET STÉRÉOTYPIE DE CRETE.

AVENIR

DE

LA MÉTALLURGIE

EN FRANCE

VIS-A-VIS DES TRAITÉS DE COMMERCE

FONTE, FER ET ACIER

PAR

M. FURIET

INGÉNIEUR AU CORPS IMPÉRIAL DES MINES.

PARIS

DUNOD, ÉDITEUR

LIBRAIRE DES CORPS IMPÉRIAUX DES PONTS ET CHAUSSÉES ET DES MINES

49, Quai des Augustins

1862

AVERTISSEMENT

Le titre de ce travail devait, dans notre pensée, en donner, le plus possible, une idée exacte.

Nous ne nous flattons pas d'y avoir réussi ; ayant reconnu, au contraire, à cette occasion, que le choix d'un titre présente quelquefois plus de difficultés que nous n'aurions supposé.

Celui que nous avons adopté fait insuffisamment connaître ce que renferment les quelques feuilles que nous livrons aujourd'hui à l'impression ; nous essayerons d'y suppléer d'abord en quelques mots.

Les récents traités de commerce conclus avec l'Angleterre et la Belgique tendent à favoriser les consommateurs, comme à stimuler, par la concurrence étrangère, les progrès de notre industrie nationale.

Des diverses branches d'industrie auxquelles ces traités font une loi du progrès, aucune peut-être n'en ressent plus vivement la nécessité que l'industrie métallurgique, qui a pour but de produire la fonte, le fer et l'acier.

Placé, depuis vingt ans, dans une situation qui nous

a permis d'étudier de près ces fabrications, celles de la fonte et du fer surtout, qui nous a fait un devoir de suivre leur progrès, et d'étudier ce qui peut le développer ; nous avons cru qu'il était à la fois utile et opportun d'indiquer, suivant nos vues, les améliorations que comporte en France l'industrie métallurgique.

C'est dans la pratique de ces améliorations, aussi bien que dans les autres perfectionnements de toute sorte qu'on pourra réaliser, que se trouve, comme nous l'entendons, *l'avenir de la métallurgie en France vis-à-vis des traités de commerce.*

Tel est le sens du titre que nous avons choisi, et pourquoi nous essayerons de poser, sur la route à tenir, quelques jalons utiles au début, mais que le progrès, c'est notre pensée, dépassera, et conséquemment négligera bientôt.

Les traités obligent les maîtres de forges à passer attentivement en revue les améliorations réalisées depuis une trentaine d'années, dans les différents groupes métallurgiques de France ; à les apprécier de nouveau, pour connaître s'ils n'ont pas négligé quelques procédés éprouvés, qu'ils auraient pu introduire utilement dans leurs usines.

En faisant remonter cette revue à une trentaine d'années, nous ne disons rien de trop ; car le propre des progrès dans la métallurgie, est d'être lents à se produire, coûteux à réaliser, mais aussi, quand ils sont bien réels, de toujours donner des résultats importants.

Les usines métallurgiques de France, au point de vue de leur proximité géographique, forment douze groupes qu'on distingue assez généralement.

Contrairement à ce qu'on supposerait, on observe, tandis qu'un progrès né dans un des groupes s'y propage facilement, et y est vite adopté, à cause des relations des industriels et des ouvriers, que les améliorations, au contraire, franchissent difficilement ces limites ; elles restent cantonnées, en quelque sorte, dans le groupe de forges où on a eu l'idée de les essayer la première fois.

Citons des exemples :

Il y a plus de trente ans que les hauts fourneaux des Ardennes trouvent avantage à employer le bois torréfié, ou au moins fortement séché, substitué, dans une forte proportion, à l'emploi du charbon de bois ; il y a le même temps, que ceux de la Haute-Saône, et quelques-uns de la Haute-Marne, emploient dans le même but, et naturellement aussi avec avantage, le bois desséché à l'usine.

Cependant, les hauts fourneaux du département de la Meuse, placés entre ces deux groupes, ont exclusivement continué de s'alimenter au charbon de bois, sauf quelques essais tout récents, suscités par la situation de la métallurgie.

De même, les forges de la Haute-Saône, du Doubs, des Vosges, utilisent, à la production de la tôle, des fours simplement chauffés à la flamme des feux d'affinerie, aussi depuis une trentaine d'années ; et les usines des Ardennes continuent d'y employer la houille, n'utilisant les mêmes flammes que pour des recuits qu'on pourrait faire à la suite des fours à tôle.

Ces différences d'un groupe de forges à un autre se montrent plus saillantes, si on traverse nos frontières.

Il y a une quarantaine d'années, qu'on utilise en France les flammes des hauts fourneaux à la production de la vapeur, pour le mouvement des souffleries. On met encore en doute, en Belgique, si ce procédé doit être recommandé ; cela, tandis que, d'autre part, la métallurgie anglaise, plus favorisée par la nature que par le choix des procédés, ignore presque le parti qu'on peut tirer de ces flammes ; à tel point, qu'il n'y a pas plus de deux ou trois ans, qu'on a pris en Angleterre des patentes pour cet objet, comme s'il était nouveau.

Puis donc que la situation actuelle conseille aux maîtres de forges de faire une revue des progrès de la métallurgie depuis une trentaine d'années, pour s'assimiler ceux qu'ils auraient négligés, et examiner, après, ce qu'il est possible d'essayer et de réaliser au delà ; nous croyons qu'il est utile, comme nous nous le proposons, d'essayer pour tous ce que chaque maître de forges doit faire en particulier ; et de tenter, au moins sur les objets les plus importants, la revue des progrès de la métallurgie en général, en indiquant le but de chacun, sa nature et sa portée.

Nous émettrons ensuite quelques vues, sur les tentatives les plus sérieuses à faire, au delà des progrès que l'expérience a consacrés, et nous apprécierons quelques tentatives nouvelles, dont le résultat reste encore en question.

Le programme de cette étude, ainsi envisagée, se trace en quelque sorte de lui-même.

Il s'agit d'apprécier brièvement, successivement et sans lien nécessaire entre les questions examinées, les progrès récents de la métallurgie.

Nous nous occuperons d'abord de l'emploi des flammes et des gaz combustibles des hauts fourneaux, objet dont nous aurions pu nous dispenser de parler, tellement il est usuel en France, si nous n'avions considéré qu'il est exceptionnellement important, qu'on n'en connaît pas en général toutes les conséquences, que les avantages qu'il procure sont à peu près ignorés en Angleterre, et contestés en Belgique, circonstances susceptibles de jeter quelque hésitation sur l'utilisation de ces flammes en France même.

Après, vient un chapitre sur l'usage de l'air chaud dans les hauts fourneaux, avec une explication nouvelle de son insuccès dans certains cas, provenant, suivant nous, de l'insuffisance des souffleries.

La conséquence de cette explication nous paraît être de rendre l'emploi de l'air chaud plus certain, et conséquemment plus général.

Les autres questions sont ensuite examinées sous les titres suivants :

Emploi du bois vert, desséché ou torréfié, dans les hauts fourneaux ; progrès dont on n'a tiré qu'un parti très-restreint en France, qui est cependant bien constant, et pourrait rendre plus généralement de grands services, pour l'économie de la fabrication de la fonte, dont le bois, substitué au charbon, améliore d'ailleurs la qualité.

Ce progrès en appelle un autre, celui qui permettrait de préparer le bois desséché ou torréfié en forêt ; problème le plus important à résoudre peut-être, pour les usines métallurgiques qui emploient le combustible végétal, mais qui attend encore une solution convenable.

Emploi du coke mélangé au combustible végétal ; économie qu'il procure ; nécessité d'employer du coke de premier choix ; grande réduction de fonds de roulement que permet son emploi.

Utilité de choisir le coke avec soin pour les hauts fourneaux qui marchent au combustible minéral seul ; observations sur le choix de leur emplacement ; possibilité pour plusieurs de substituer l'emploi de la houille à celui du coke.

Vient ensuite, relativement aux forges proprement dites, l'examen des objets suivants :

Utilisation des flammes perdues des feux d'affinerie au réchauffage du fer et à la fabrication de la tôle.

Emploi de ces flammes à la production de la vapeur motrice de la soufflerie et du marteau.

Avantage de l'air chaud pour les feux d'affinerie.

Emploi du bois vert desséché ou torréfié ; celui du bois desséché ou torréfié paraît préférable. Emploi du coke de choix.

Emploi du ligneux (bois desséché) dans les forges, en Russie, en Suède et en Autriche (Carinthie).

Observations relatives aux fineries, dont les flammes inutilisées pourraient donner, et fort au delà, la vapeur motrice de la soufflerie.

Emploi des flammes des fours à puddler pour produire la vapeur nécessaire au cinglage et au mouvement des cylindres ébaucheurs.

Avantages des fours à puddler à courant d'air, ou de ceux à courant d'eau, dits : *fours bouillants.*

Production, au moyen des flammes des fours à souder, de la vapeur nécessaire au mouvement de leurs appareils de compression et d'étirage.

Observations sur la possibilité d'employer, au réchauffage du fer, les flammes perdues des fours à puddler ou à souder.

Supériorité du marteau–pilon sur la presse à cingler et le marteau frontal. Utilité de faire travailler le pilon à vapeur à des ébauchages.

Possibilité d'obtenir la fonte, le fer en barres, et même la tôle, sur un terrain choisi pour la facilité de l'approvisionnement des matières premières, et de l'écoulement des produits ; sans chercher le secours d'une force hydraulique, et sans dépense spéciale de combustible pour les moteurs.

Enfin pour terminer, en ce qui concerne les forges, nous avons fait suivre quelques observations relatives à l'installation des laminoirs, qui présentent de l'intérêt pour les forges à créer, au point de vue de la facilité du travail, et sous le rapport très-important de la sûreté des ouvriers.

Il existe en France, dans les Pyrénées, des forges qui emploient encore, pour des minerais purs, le procédé de l'extraction directe du fer de ces minerais.

Ce procédé, à cause de son extrême simplicité, est resté en dehors des progrès de la métallurgie et n'a pu s'améliorer que par des soins de détail.

Cependant, vis-à-vis des traités de commerce, il paraît presque inévitable, que les cent feux qui représentent cet ancien procédé, s'éteignent successivement ou facilitent leur fabrication.

Nous consacrons un chapitre à ce qu'il nous paraît le plus utile de faire dans cette vue, et en particulier pour développer dans ces feux la production de l'acier.

Ceci nous amenant à reconnaître que les nouveaux procédés métallurgiques s'appliquent plus souvent à la production de l'acier, qu'à celle de la fonte ou du fer, nous en faisons ressortir le motif, par une esquisse historique des développements de la métallurgie, après laquelle nous mentionnons, en les appréciant, les procédés les plus originaux récemment tentés pour fabriquer l'acier : celui de M. A. Chenot, et celui de M. Bessemer.

L'acier, par sa pureté, par le soin qu'exige sa fabrication, et par le haut prix des bonnes qualités, a toujours été le point de mire des inventeurs en métallurgie ; particulièrement, quand la situation de cette industrie exige qu'elle progresse.

L'intérêt de cette question en donne beaucoup à la connaissance de la nature, et de la véritable composition de l'acier.

Un chimiste éminent, M. Frémy, de l'Académie des sciences, a récemment appelé l'attention sur cet objet, en faisant connaître de nouvelles expériences.

Suivant lui, l'acier doit les propriétés qui le distinguent du fer, non-seulement, comme on l'admet depuis plus de soixante ans, à du carbone combiné, mais aussi à une faible proportion d'azote aussi combiné.

Cette opinion de M. Frémy a fait sensation.

A quelques jours de sa communication à l'Académie, l'auteur fut complimenté au concert des Tuileries sur sa découverte par l'Empereur, et il dut y revenir bientôt après, pour expliquer les résultats de ses recherches.

La très-haute et bienveillante attention donnée aux travaux de M. Frémy, nous a paru accordée à l'importance d'un objet pratique, d'une haute portée tout actuelle, mais non préjuger en rien la question scientifique, qui reste entière.

Une appréciation opposée nous paraîtrait regrettable, car, comme on l'a dit souvent, le libre examen, comme la discussion, sont l'âme de la science.

Or, en ce qui nous concerne, nous croyons peu, sauf nouvelles preuves, à l'existence de l'azote dans l'acier.

Supposé qu'il en existât, nous pensons que sa présence, dans les minimes proportions qui sont indiquées, serait accidentelle, et n'influerait pas sur les qualités usuelles de ce métal.

Nous ne croyons même pas que les proportions de carbone constatées influent beaucoup sur les qualités aciéreuses, si ce n'est en facilitant la fusion du métal.

Nous pensons que l'acier est un produit d'art, dont les qualités résultent de l'ensemble des soins de la fabrication, et résument l'influence du travail de l'ouvrier, dans les différentes opérations nécessaires à le produire.

Cette manière de voir est d'ailleurs concordante avec celle des célèbres auteurs du Mémoire sur les états métalliques du fer, qui a fixé les idées sur cette question, à la fin du dernier siècle.

Ceci nous a engagé à revenir sur les idées émises dans ce Mémoire, que les ouvrages de chimie ou de métallurgie chimique ont insensiblement modifiées, en considérant l'acier trop exclusivement au point de vue d'un produit chimique ; circonstance où nous trouvons la cause des allégations de M. Frémy susceptibles, suivant nous, de confirmation ou de révision.

Nous ajouterons, cependant, que nous n'aurions pas opposé des doutes aux idées de M. Frémy, si la question qu'il a soulevée, ne touchait immédiatement à la pratique; à tel point, que, liée à de grands intérêts industriels, elle appelle, par là même, un examen sévère.

Après avoir rappelé les idées de Monge, Berthollet et Vandermonde, dans le Mémoire de 1786, qui, dans leur partie essentielle, nous paraissent devoir encore faire loi dans la métallurgie, nous y proposons toutefois une légère modification : si légère qu'elle soit, cette divergence d'opinion se traduit en nouvelles vues sur la nature de l'acier, et celles-ci incitent à faire de nouvelles expériences, que nous indiquons.

Nous ajoutons quelques observations semblables sur les moyens de développer la fabrication de la fonte malléable.

Arrivé au terme des indications que nous nous proposions de rappeler à la métallurgie française, au début de sa lutte industrielle avec l'Angleterre et la Belgique, nous terminons par un coup d'œil rapide, mais rassurant, sur la situation de la métallurgie en Angleterre, et par quelques mots semblables sur l'état de la métallurgie belge.

Ainsi envisagé, nous espérons que le travail que nous offrons aujourd'hui aux maîtres de forges et aux ingénieurs, pourra être utile à chacun par quelque côté, et que l'ensemble n'en sera pas sans intérêt.

AVENIR

DE

LA MÉTALLURGIE

EN FRANCE

I

Emploi des gaz des hauts fourneaux au combustible végétal ou au coke.

L'emploi des gaz des hauts fourneaux est une question que son importance place naturellement en première ligne, dans le travail dont nous venons de tracer le cadre. Les flammes des hauts fourneaux, avec les moyens actuels de les recueillir et de les utiliser, représentent une véritable valeur industrielle. A ne considérer que l'économie de la houille qui serait nécessaire pour développer leur puissance calorifique, on trouve qu'elle équivaut au moins à 3 pour 100, de la valeur de la fonte produite. Leur utilisation peut offrir d'ailleurs indirectement des avantages bien supérieurs.

Cet emploi n'est pas très-récent; les premiers essais de ce genre dus à M. Aubertot, maître de forges à Vierzon, remontent déjà à plus de cinquante ans. Les gaz du gueulard étaient alors abandonnés à leur combustion naturelle, disposition simple qui peut encore convenir à la rigueur, si la combustion des gaz ne doit que chauffer l'air de la soufflerie. Il suffit alors, en effet, de faire monter la conduite au gueulard, de lui donner au-dessus de son ouverture les circuits convenables, puis de faire descendre par un tuyau l'air échauffé aux tuyères.

Mais, après ces premiers essais, on reconnut bientôt qu'une partie des gaz des hauts fourneaux échappe à la combustion quand on les abandonne à leur inflammation spontanée; que cette inflammation est superficielle et que les gaz dégagés au centre du gueulard y échappent en partie.

Aussi, en 1811, M. Curaudau fit-il faire à la question un pas marqué en avant, lorsqu'il reconnut que les gaz des hauts fourneaux s'enflamment par leur contact avec l'air, et qu'on peut utiliser sous la voûte d'un four à réverbère, non-seulement la chaleur qu'ils entraînent et celle que développe leur combustion spontanée, mais encore celle qui résulte de la combustion complète de leurs parties encore inflammables.

Cette idée reçut alors des applications diverses où les propriétés calorifique et combustible des gaz furent utilisées au niveau du gueulard.

Restait, pour réaliser le dernier progrès fait depuis, à descendre ces gaz au niveau du sol de l'usine pour les y utiliser plus commodément, et tout à fait à l'instar d'un combustible ordinaire.

M. Robin, directeur en 1838 pour M. de Dieterick, du haut fourneau de Niederbronn (Bas-Rhin), eut l'idée de fermer le gueulard avec un couvercle qui, interceptant aux gaz leur issue naturelle, permît de les ramener au sol de l'usine par un conduit descendant.

Cette disposition, qui allait au but, était cependant gênante à cause de la manœuvre nécessaire pour ôter et remettre le couvercle pour les charges.

Elle était dangereuse, car, lorsque le couvercle était enlevé, l'air se mêlait aux gaz et pouvait déterminer une explosion.

Aussi est-ce avec beaucoup d'avantage que MM. Thomas et Laurens l'ont remplacée, en 1839, par l'emploi d'une trémie, pour laquelle ils se sont fait breveter. Elle est maintenant d'un usage général, et a donné du problème une très-bonne solution ; comme toutes les inventions vraiment utiles, elle n'a pas, ainsi qu'on peut voir, surgi de suite, et d'un seul jet.

Cette trémie consiste en un cylindre en fonte ou en tôle, qui descend de 1^m,00 ou 1^m,50 dans le gueulard, et laisse entre ses parois extérieures et les parois intérieures du fourneau, un vide annulaire qu'on ferme par le haut. Ce vide forme ainsi une sorte de cloche ou gazomètre. Cette cloche sert à recueillir les gaz et à les renvoyer au sol de l'usine, sous l'influence de leur propre pression. Les charges s'introduisent par ce cylindre. Il présente toujours à l'intérieur au-dessus de sa base ouverte, une surélévation de minerai et de combustible qui s'oppose à la sortie des gaz par le gueulard.

Cette disposition ingénieuse et très-pratique, est celle qui est le plus à recommander pour ramener au sol de l'usine les gaz à utiliser ; ce qui est toujours plus commode pour l'usage journalier, et la facilité des constructions utilisatrices, que de les employer à la partie supérieure du haut fourneau.

Il est bon, par précaution, de munir de clapets s'ouvrant de dedans en dehors, l'espèce de cloche annulaire ou gazomètre que forme la trémie, les tuyaux qui descendent le gaz et les fourneaux qui l'utilisent.

Ainsi, si un mélange accidentel d'air aux gaz, développe intérieurement une petite explosion, les clapets jouent, et elle reste inoffensive.

On rappellera que les chaudières à vapeur chauffées avec des gaz, doivent présenter une surface de chauffe presque double de celle qu'on leur donnerait si on les chauffait à la houille.

Celles-ci exigent une surface de chauffe de $1^{mc},40$ environ, par chaque force de cheval ; il faudra donner au lieu de ce chiffre $2^{mc},50$ au moins de chauffe par chaque force de cheval aux chaudières qui emploient des gaz.

On a récemment importé d'Allemagne une nouvelle

disposition de chaudière à vapeur qui a été employée pour haut fourneau avec avantage et peut être recommandée (1).

On place une chaudière sans bouilleurs, verticalement, au centre d'une sorte de tour qui fait fonction à la fois de fourneau et de cheminée; les gaz introduits dans le bas brûlent autour. Cette chaudière ainsi chauffée sur tout son contour, présente beaucoup de surface de chauffe.

Il faut quelque attention pour la supporter solidement, car son poids et celui de l'eau qu'elle renferme portent sur une surface restreinte. Mais aussi, on gagne par le même motif beaucoup de place, et comme on n'emploie qu'une construction pour la cheminée, et pour le fourneau, c'est une notable économie.

La trémie destinée à recueillir les gaz, d'abord utilisée pour les hauts fourneaux au combustible végétal, s'emploie aussi avantageusement pour les hauts fourneaux au coke; et conséquemment, pour ceux qui emploient mêlées les deux natures de combustible.

Pour les hauts fourneaux au coke, le chauffage de l'air et la production de vapeur de l'appareil soufflant, exigent généralement beaucoup plus de gaz, mais aussi ces hauts fourneaux en produisent plus, et à proportion.

Quand les gaz des hauts fourneaux ne sont pas em-

(1) Cette disposition est employée aux hauts fourneaux d'Écurey, d'Haironville et de Morley (Meuse).

ployés pour la soufflérie, il est fortement à recommander de les utiliser pour le grillage du minerai.

Ce grillage qui, exécuté autrefois avec un combustible spécial, a été tantôt employé, tantôt délaissé, est toujours avantageux quand on l'obtient sans dépense de combustible. En effet, en grillant le minerai, on le sèche, on le prépare, et on enlève aux mines hydratées, qui sont la généralité de celles qu'on emploie, tout au moins 10 pour 100 d'eau de combinaison.

Tous ces effets s'obtiennent, il est vrai, dans le fourneau sans grillage préalable; mais il est évident que ce ne peut être qu'aux dépens du combustible.

Il importe d'adopter une disposition qui permette de griller commodément le minerai, puis de le laisser refroidir avant la charge, suffisamment pour qu'il n'enflamme pas le charbon; de plus, que ce refroidissement ait lieu près du gueulard, pour que le minerai puisse être facilement versé au moment opportun.

On peut estimer de 4 à 5 pour 100 au moins, l'économie de combustible que peut amener le grillage préalable. De plus, les gaz du gueulard sont moins humides, et d'un effet calorifique supérieur, quand on charge les minerais séchés et grillés; et les minerais ainsi préparés échappent à l'influence des variations atmosphériques qui atteignent ceux qu'on charge tels quels, particulièrement les tas de minerais à découvert, par la pluie ou la neige; l'allure du haut fourneau est plus régulière, ce qui naturellement ne peut qu'influer favorablement sur la qualité de la fonte.

En résumé, voici les avantages de l'emploi des gaz des hauts fourneaux comme combustibles.

Ils permettent de chauffer l'air de la soufflerie, et donnent à l'emploi de l'air chaud un avantage économique que ce procédé n'aurait pas au même degré, s'il fallait chauffer l'air avec un combustible ordinaire.

Sur un cours d'eau trop faible et irrégulier, ils développent à l'aide de la vapeur qu'ils peuvent engendrer sans frais de combustible, une puissance de vent toujours suffisante et régulière, conséquemment, ils donnent le moyen d'éviter des ralentissements du travail, et des chômages fâcheux à beaucoup d'égards.

Si l'échauffement de l'air et le mouvement de la machine soufflante ne les utilisent pas en totalité, l'excédant peut, par le grillage des minerais, amener une économie importante de combustible dans le haut fourneau ou cuire de la chaux, des briques, etc. Et, sur un fourneau mû par un cours d'eau régulier et puissant, où la soufflerie n'exige pas l'emploi des gaz, il y a lieu, après avoir chauffé l'air, de chercher une utilisation de l'excédant des gaz qui constitue une véritable valeur industrielle. Il est intéressant en effet de la réaliser de façon ou d'autre.

Un propriétaire de haut fourneau du département de la Meuse a créé dans ce but, une sucrerie dont les chaudières à vapeur n'emploient pas de houille, mais sont exclusivement chauffées aux gaz de son haut fourneau. C'est un exemple à citer et à imiter.

Mais une conséquence indirecte, bien plus importante encore, de la possibilité de trouver dans les gaz des hauts fourneaux un combustible suffisant à l'échauffement de l'air et à la soufflerie, c'est la possibilité de placer un haut fourneau sur tel terrain qu'on veut, particulièrement à une station de chemin de fer, choisie suivant les facilités des approvisionnements et de l'écoulement des produits.

Il y a là un tel avantage journalier à recueillir, qu'un très-grand nombre de hauts fourneaux en France, n'auraient pas de plus utile progrès à réaliser que de prendre ce parti immédiatement.

Comme les hauts fourneaux, tous les foyers métallurgiques des forges peuvent fournir par des flammes dites perdues, la vapeur susceptible de la puissance motrice qu'exige leur travail.

Il s'ensuit que ce que nous disons d'un haut fourneau seul, est vrai pour une forge, conséquemment pour un établissement métallurgique qui comporte un haut fourneau et une forge.

Nous reviendrons sur ce sujet incontestablement des plus importants de ceux qui ressortent du cadre que nous nous sommes tracé.

Ajoutons pour justifier le chiffre que nous avons énoncé sur la valeur industrielle des gaz des hauts fourneaux, qu'un haut fourneau au charbon de bois qui produit cinq tonnes par jour donne des flammes susceptibles de produire constamment 10 chevaux-vapeur au moins ; 2 chevaux par tonne, c'est-à-dire l'équivalent environ de cinq kilogrammes de houille brûlée par heure. Ainsi, pour une tonne de fonte produite, les gaz du fourneau équivalent, par vingt-quatre heures à 120 kilogrammes de houille brûlée, soit à 3 francs les 100 kilogrammes, 3^{fr},60 et 3 pour cent au moins, de la valeur de la fonte produite, comme nous l'avons dit d'abord.

II

Emploi de l'air chaud.

Les observations qui précèdent sur l'emploi des gaz des hauts fourneaux s'appliquent également à ceux qui utilisent le combustible végétal, le coke ou un mélange des deux combustibles. Il en est de même des observations que nous avons à présenter sur l'emploi de l'air chaud.

L'importance de ce procédé, l'indécision qui a régné un instant sur sa véritable valeur, nous engagent à nous arrêter sur ce sujet avec quelques détails.

Essayé, pour la première fois, il y a plus de trente ans, sur un feu de maréchal, par M. Nielson, directeur de l'usine à gaz de Glascow, ce procédé fut introduit en

1830, avec succès, à l'usine de la Clyde, pour l'usage des hauts fourneaux, par M. Nielson, en compagnie de MM. Wilson et Mac-Intosh.

Il s'est depuis répandu en Écosse, de là en Angleterre, puis dans les usines des bords du Rhin, d'où il a passé en France, en Belgique et en Allemagne.

Apprécié d'abord d'une manière extrêmement favorable, il a soulevé après des objections qui ont paru tellement fondées que, vers 1840, il n'avait plus de partisans en Belgique.

Nous pensons que l'air chaud est réellement avantageux, que son avantage n'est toutefois bien saillant que quand son échauffement est produit par la flamme ou les gaz du gueulard, sans dépense spéciale de combustible ; et que les défauts de qualité de la fonte signalés dans plusieurs hauts fourneaux qui en ont abandonné l'emploi, après l'avoir essayé, tiennent seulement à l'insuffisance des souffleries.

Il est constant que l'introduction dans un même haut fourneau du même poids d'air froid ou d'air chaud, exige pour celui-ci une dépense de force de moitié en sus environ.

Cette circonstance, qui dans la plupart des cas est restée inaperçue, ou dont l'importance a été inexactement mesurée, est, suivant nous, la cause des mauvais effets de l'air chaud, lesquels ont quelquefois motivé son abandon.

Nous pensons que, par le jeu des mêmes souffleries

qui fonctionnaient pour l'air froid à la limite de leur effort, et dont on ne songeait pas à augmenter la puissance, la quantité d'air introduite, réduite d'un tiers en poids au moins, s'est trouvée en disproportion avec le volume du combustible du haut fourneau; et que là est l'explication des défauts de qualité de fonte observés.

Que là, au contraire, où la soufflerie pouvait développer plus d'effort, on s'est trouvé, en employant l'air chaud, dans le cas d'en utiliser plus en effet; qu'en faisant ainsi disparaître les inconvénients indirects du nouveau procédé, on en a recueilli les avantages.

Et que là où on ne les a pas encore utilisés, et même dans les usines où on a cru devoir délaisser à juste titre l'emploi de l'air chaud, on en peut tirer un parti avantageux correspondant au moins à un dixième du combustible dépensé; à la condition d'employer une machine soufflante plus énergique, de moitié en sus, ou pour plus de latitude d'une force double; ce que l'utilisation des flammes du gueulard permet partout, puisque ces flammes peuvent produire une force motrice en rapport avec la force des machines soufflantes nécessaires, et en même temps chauffer l'air au degré convenable.

Nous croyons que cette opinion se trouvera corroborée tout naturellement par les observations et l'expérience personnelles des maîtres de forges auxquels elle peut être utile.

Elle est à la fois concordante avec l'opinion avantageuse qu'on s'est faite de l'air chaud à l'origine, et
avec l'appréciation contraire qui s'est produite après,
dans quelques centres métallurgiques.

A l'origine, une certaine exagération de l'avantage
économique de l'air chaud et de son bon effet sur les
qualités de la fonte, s'est produite par une cause bien
naturelle, connue de quiconque s'est occupé de progrès
industriels.

Des usines n'expérimentent guère un procédé économique ou avantageux à la qualité des produits, que
lorsque leur marche laisse un peu à désirer.

Le nouveau procédé profite alors dans les expériences
de plusieurs avantages accessoirement acquis par des
soins de détail qu'on attribue involontairement au nouveau procédé; et la satisfaction qu'on éprouve des
résultats entraîne, par une pente à laquelle il est difficile de résister, à s'en exagérer la portée.

Mais, après les expériences, les ouvriers n'étant plus
suivis d'aussi près, n'obtiennent plus les mêmes avantages.

Toutefois, si les ingénieurs qui ont apprécié favorablement l'emploi de l'air chaud, l'ont fait au début avec
une certaine exagération, ceux qui en ont après repoussé l'emploi, ont suivant nous commis une erreur
bien plus grave.

Voici en quels termes, auxquels nous croyons utile
de faire une réponse, M. Valérius dans son *Traité de*

la fabrication du fer en Belgique, publié en 1844, n'a pas hésité à condamner l'emploi de l'air chaud.

« L'air chaud, dit-il, n'a plus de partisans en Belgique. Depuis longtemps, on ne l'emploie plus à Liége que comme remède; et, si on le conserve à Couillet, c'est qu'on le regarde comme un antidote indirect du soufre. Cependant, ajoute-t-il, l'air chaud ne diminue pas le contenu des fontes en soufre, et dans certains cas, il l'augmente. Il donne lieu à des descentes irrégulières, et à une préparation imparfaite des matières à la fusion ; parce que la chaleur se concentre dans les régions inférieures des fourneaux, ce qui fait que les matières peuvent être fondues avant d'être suffisamment réduites. »

« Si l'air chaud employé dans les hauts fourneaux en fonte d'affinage, peut procurer une économie de combustible, elle est balancée par les pertes qu'on éprouve dans le puddlage des fontes et le défaut de qualité des fers. »

Dans son *Traité de la fabrication de la fonte* qui a paru en 1851, M. Valérius s'est borné toutefois à des observations de détail sur l'air chaud, et à constater des résultats d'expériences qui paraissent défavorables à son emploi, sans conclure toutefois contre son usage.

Or, les inconvénients que M. Valérius signale de l'emploi de l'air chaud, sont ceux qui résultent dans un haut fourneau, d'une introduction d'air insuffisante.

Aussi nous répondons que ces observations ne font que confirmer ce que nous avons dit : que l'emploi de l'air chaud exige une augmentation considérable de l'effort des machines, presque du simple au double.

Lorsque les machines des usines où l'air chaud a été essayé ne pouvaient pas donner un effort presque double de celui qu'elles donnaient à l'air froid, l'air chaud, nuisible à la qualité, a dû être abandonné.

Quand, au contraire, les machines se sont trouvées très-puissantes, on a été amené, en employant l'air chaud, à les faire fonctionner sous l'impulsion d'une plus grande dépense de force motrice, et l'emploi de l'air chaud s'est alors trouvé avantageux.

Suivant nous, l'élévation de la température de l'air introduit par la tuyère d'un haut fourneau, ne changeant évidemment ni sa nature ni sa composition, et d'ailleurs devant toujours se produire même quand on souffle à l'air froid, par l'introduction de l'air dans le haut fourneau, ne saurait être directement une cause d'altération de la fonte.

Mais, d'autre part, l'insufflation de l'air chaud dans un haut fourneau, sous le même effort d'appareil soufflant, a pour effet, comparativement avec la marche à l'air froid, d'introduire moins d'air en poids dans un même temps, de produire une élévation de température dans la partie basse du haut fourneau, et de réduire en hauteur les zones de fusion et de réduction.

Ces effets indirects de l'emploi de l'air chaud, parti-

culièrement l'insuffisance de poids de l'air chaud relativement à la masse du combustible, quand on l'introduit au lieu de l'air froid, sous l'impulsion de la même
force motrice, sont la véritable cause de l'altération, souvent remarquée, de la qualité de la fonte produite.

Il faut donc, si la machine le comporte, la faire agir
sous un effort moteur tout au moins de moitié en sus,
et si la machine ne comporte pas cette augmentation
de puissance, la remplacer préalablement à l'emploi
de l'air chaud (1).

(1) Voici comment on peut se rendre compte de la proportion dans
laquelle il faut augmenter l'effort moteur d'une machine soufflante
pour y introduire autant d'air chaud qu'on y introduisait d'air froid
avant de chauffer l'air.

L'air se dilate pour chaque degré de température de 1/267 de son
volume à 0°. Supposons qu'on introduise successivement dans un
haut fourneau de l'air à 0° et de l'air à 267° avec les mêmes ouvertures de buse et sous la même pression. Dans chaque cas la vitesse
du fluide projeté dans le haut fourneau sera celle qui serait due
à la hauteur de chute, en supposant que de part et d'autre la pression
fût déterminée par une colonne libre du fluide projeté. Il est clair
que dans le cas de l'air chaud, cette hauteur est double, d'où il suit
que la vitesse de sortie est à la vitesse de sortie dans le cas où l'air
est froid, dans la proportion des racines carrées des hauteurs de
chute, soit de $\sqrt{2}$ à 1. Les volumes projetés sont dans la même proportion, les orifices ayant même ouverture de part et d'autre; mais
pour que les poids d'air projeté fussent les mêmes, il faudrait que le
volume de l'air chaud fût double de celui de l'air froid. Ce volume
étant seulement plus grand dans la proportion de $\sqrt{2}$ à 1, le poids
d'air correspondant est moindre dans la proportion de 1 à $\sqrt{2} = 1,41$.
Comme d'une part l'échauffement de l'air est généralement d'un
peu plus de 267°, que de plus l'emploi des tuyaux d'air chaud occa-
sionne quelques pertes inhérentes au développement de la conduite, on peut admettre que dans les conditions habituelles, si on

Cette circonstance explique encore que dans certains hauts fourneaux, on emploie de l'air très-modérément chauffé.

C'est en effet le meilleur parti quand l'appareil de soufflerie dont on dispose est d'une force restreinte; alors, on obtient une petite économie de combustible avec l'air chaud, et l'effet du moteur est suffisant relativement au combustible consommé.

On a observé que les hauts fourneaux soufflés à l'air chaud ont, quand l'emploi de l'air chaud est bien connu et bien réglé, une allure plus régulière.

C'est que l'air chauffé a toujours la même température à peu près, tandis que celle de l'air froid varie avec les circonstances atmosphériques.

L'économie de combustible étant de 10 pour 100, et la dépense de combustible dans la production de la fonte entrant pour deux tiers environ en moyenne dans le prix de revient, il s'ensuit qu'on peut espérer de l'emploi de l'air chaud un avantage de 6 à 7 pour 100 sur la dépense de production de la fonte.

Cette question est ainsi de nature à solliciter vivement l'attention des maîtres de forges qui ont négligé ou délaissé l'emploi de l'air chaud.

Nous croyons que l'échauffement de l'air peut donner le même avantage relatif dans les foyers d'affinerie

souffle un haut fourneau, successivement à l'air froid et à l'air chaud, il faut pour introduire, dans les deux cas, le même poids d'air, développer dans le second un effort de moitié en sus au moins.

que dans les hauts fourneaux; et que si les essais qui ont été faits à cet égard n'ont pas été concordants, c'est que pour ces foyers aussi, on n'a pas remarqué dans quelle proportion il convenait de développer l'effort soufflant, alors qu'on substituait l'air chaud 'à l'air froid.

Il y a une quinzaine d'années (en 1846), 391 hauts fourneaux marchaient en France au combustible végétal à l'air froid, et 104 à l'air chaud ; 16 hauts fourneaux marchaient au coke à l'air froid, contre 47 à l'air chaud ; 38 hauts fourneaux marchaient au mélange des deux natures de combustible à l'air froid contre 27 à l'air chaud.

Nous n'avons pas de renseignements aussi généraux plus récents, et nous croyons que ces chiffres se sont beaucoup modifiés depuis, en ce sens, que l'emploi de l'air chaud s'est beaucoup plus répandu.

Nous croyons cependant qu'on emploie encore l'air froid dans un assez grand nombre de hauts fourneaux, pour que cette question conserve beaucoup d'intérêt, indépendamment de celui qu'elle offre pour les feux d'affinerie et les feux catalans.

On n'a fait, pour ces derniers particulièrement, que des essais sans suite et conséquemment sans résultats.

III

Emploi du bois vert desséché ou torréfié.

Voici peut-être le sujet qui se recommande le plus à l'attention de nos lecteurs. Nous appelons leurs réflexions sur les considérations un peu abstraites qui suivent.

On n'employait autrefois dans les hauts fourneaux placés à proximité des forêts d'autre combustible que le charbon de bois.

Cependant, tel qu'on le produisait, et qu'on le produit encore, le charbon de bois ne représente guère d'utilisables que 15 à 18 pour 100 du poids du bois ; si l'on déduit les pertes du transport et les déchets de halle avant l'emploi à l'usine.

Supposé qu'on en obtienne en forêt 18 pour 100 de charbon, ce n'est guère plus de la moitié de ce qu'on en pourrait obtenir comme effet calorifique.

Le bois en effet, après deux ou trois mois de coupe, peut être considéré comme composé de 39 pour 100 de charbon (1), 36 pour 100 d'oxygène et d'hydrogène

---

(1) Ajoutons pour les chimistes que les 39 p. 100 que nous comptons, sont du charbon, non du carbone. Celui-ci n'est guère qu'à la proportion de 34 p. 100 dans le bois. Il existe dans le charbon à la proportion de 88 p. 100 environ.

dans la proportion voulue pour former de l'eau ; et 25 pour 100 d'eau hygrométrique.

Si on le considère comme composé de charbon et d'eau, il faut compter 39 pour 100 de charbon, et 61 pour 100 d'eau.

On peut estimer qu'un kilogramme de charbon en brûlant peut évaporer 6 kilogrammes d'eau.

Ainsi 11 parties de charbon doivent suffire très-largement à évaporer les 61 parties d'eau ; d'autant plus qu'elles n'existent et ne se dégagent pas toutes du bois à l'état d'eau, mais en partie à l'état de gaz ou vapeurs combustibles qui viennent en aide en brûlant à la vaporisation.

D'après cela on devrait retirer du bois, non pas 18 pour 100 de charbon, mais 28 (39 moins 11). La perte est considérable.

Ajoutons pour qui regarderait ce calcul comme théorique, un fait expérimental qui le confirme et donne la même conclusion. Dans les hauts fourneaux où on emploie le bois vert concurremment avec le charbon, on est souvent obligé de faire varier la proportion des deux combustibles ; alors, une observation constante montre que pour obtenir la même quantité de fonte, et conserver la charge de minerai, il faut, si on retire un volume de charbon, ajouter 2,10 volumes de bois.

Or, un stère de bois d'après le mélange d'essences le plus usité en France, dans les hauts fourneaux, pèse moyennement, après deux ou trois mois de coupe, 340

kilogrammes, 2,10 stères pèsent donc 714 kilogr. L'é-
quivalent en charbon, le mètre cube obtenu du même
bois, pèse moyennement 210 kilogrammes (soit 0,29 à
0,30 du poids du bois).

Il en résulte que dans le haut fourneau lui-même le
bois rend, ou plus exactement donne en puissance calorifique, l'équivalent de 29 à 30 pour 100 de charbon,
au lieu de 18; plus de moitié de plus que dans la carbonisation en forêt.

Ainsi, la carbonisation en forêt ne rend que les 2/3
de ce qu'elle devrait produire.

Aussi la nécessité d'économiser le combustible a-
t-elle fait chercher tous les moyens d'améliorer la carbonisation.

De même, on a essayé d'employer directement au
haut fourneau le bois vert, desséché ou torréfié.

Ces derniers essais ont été plus heureux que ceux
qui ont été faits pour améliorer la carbonisation. Nous
nous en occuperons d'abord.

L'emploi du bois vert a été essayé dans un haut fourneau de Russie vers 1830 (1), dans un haut fourneau
de Suisse, et dans deux hauts fourneaux d'Amérique
en 1834, puis des essais nombreux suivirent en France
en 1835 ; et, actuellement, ce procédé est très-répandu
dans le groupe métallurgique des Ardennes. On y connaît depuis longtemps son avantage.

Au début de l'emploi du bois en nature en France,

(1) Mémoire de M. Bineau, *Annales des Mines,* 3e série, t. XIII.

ensuite de l'initiative d'une part de M. Houzeau-Mui-
ron, manufacturier–chimiste à Reims, et de l'autre de
celle de M. Fauveau-Deliars, alors maître de forges aux
Bièvres (Ardennes), on fit venir le bois au haut fourneau pour le torréfier, en y utilisant les flammes perdues du haut fourneau lui–même.

Mais on s'est bientôt aperçu que si, de cette manière
on tire meilleur parti du bois, d'autre part on a de
beaucoup plus grands frais de transport à supporter;
et en effet, il résulte des chiffres cités ci-dessus, qu'au
lieu de transporter 29 à 30 tonnes de charbon de bois,
il faut amener 100 tonnes de bois au moins au haut
fourneau pour obtenir le même effet calorifique.

On a senti presque immédiatement que l'avantage
d'employer du bois au lieu du charbon, ne pouvait se
produire que pour des transports faciles et peu étendus
depuis la forêt jusqu'à l'usine.

Supposons que le bois doive être amené de 10 kilomètres de distance moyenne, et que le transport d'une
tonne coûte $0^r,35$ par chaque kilomètre; il s'ensuit
que les 100 tonnes de bois coûteront à transporter 350
francs, tandis que les 29 tonnes de charbon ne doivent
coûter que $101^r,50$. Il y a donc $248^r,50$ de transport de
plus, mais d'autre part un bénéfice de 11 tonnes de
charbon, qu'on gagne du rendement de 29 pour 100 du
bois chargé au haut fourneau, au rendement de 18
pour 100 obtenu en forêt.

Or, ces 11 tonnes représentent au moins à 60 francs

l'une, 660 francs de charbon, et en tenant compte de la main-d'œuvre de la torréfaction, des frais accessoires qu'elle entraîne, des flammes qu'elle utilise qui pourraient recevoir un autre emploi, et sont conséquemment une dépense réelle ; on comprend qu'au delà de 10 kilomètres ce procédé puisse bientôt cesser d'être avantageux ; en deçà même, avec des transports difficiles.

Les frais d'emmagasinage du bois à l'usine ne dépassent pas d'ailleurs les frais d'emmagasinage du charbon que le même volume de bois eût produit en forêt ; le charbon moins volumineux, et surtout moins pesant, entraînant à de grands frais, particulièrement pour la construction des halles nécessaires pour le recevoir.

Ainsi, au delà d'un certain rayon d'approvisionnement plus ou moins étendu autour d'un haut fourneau, suivant que les transports sont plus faciles ou présentent plus de difficultés, le procédé de MM. Houzeau et Fauveau cesse d'être avantageux, tandis qu'en deçà, il y a bénéfice à l'employer.

La torréfaction du bois à l'usine que comporte ce procédé, consiste d'ailleurs à chauffer extérieurement dans des caisses ou fours en fonte en nombre suffisant, le bois préalablement découpé qu'on y a disposé ; cela, à l'aide de la flamme perdue du haut fourneau.

Quand le bois est sorti de ces caisses, on le verse dans des étouffoirs.

Les plaques de fonte qui forment les caisses s'emboîtent au moyen de rainures.

On peut leur donner une capacité de 1 ou 2 mètres cubes, et il est commode que le bois d'une caisse constitue exactement une charge, parce qu'alors pour charger, il suffit de vider l'étouffoir qui a reçu le contenu d'une caisse dans le fourneau.

La torréfaction du bois vert à trois mois de coupe lui fait perdre 45 à 50 pour 100 de son poids ; et 32 à 35 pour 100 environ de son volume.

L'expérience du bois torréfié a prouvé dans les Ardennes, que ce combustible peut, sans inconvénient, remplacer les trois quarts au moins du charbon qu'on emploierait si le haut fourneau marchait au charbon seul.

On n'a guère intérêt d'aller au delà de cette proportion, cependant on le pourrait facilement, surtout si le minerai était lui-même torréfié. Le haut fourneau de Senuc (Ardennes) a marché au bois torréfié seul.

Quand on emploie le bois en forte proportion, il convient de forcer un peu le vent, et, croyons-nous, d'élargir et d'élever un peu le gueulard, en reconstruisant le fourneau.

On a observé que 1,60 stère de bois bien torréfié, produit très-largement le même effet qu'un mètre cube de charbon.

Avec la perte de 32 à 35 pour 100 en volume que produit la torréfaction, on voit que 1,60 stère de bois torréfié exige 2,10 stères de bois vert ; et conséquemment, comme 1,60 stère de bois torréfié produit l'effet d'un mètre cube de charbon, que 2,10 stères de bois vert en sont l'équivalent, ce qui est le chiffre déjà indiqué.

Pour régler la proportion de bois torréfié à employer utilement, il s'agit de savoir s'il est plus avantageux, cela pour chacune des coupes dont on dispose, ou de carboniser et de faire venir le charbon, ou de transporter le bois vert au haut fourneau, à la proportion de 2,10 stères pour chaque mètre cube de charbon qu'on aurait à faire venir après la carbonisation si on l'effectuait.

L'emploi du bois desséché et du bois vert ne présente de différence avec ce procédé, qu'en ce que, dans le premier cas, on pousse moins la torréfaction ; tandis que, dans le second, on s'en abstient tout à fait.

On a bientôt reconnu que si on met dans un haut fourneau moitié bois vert, et moitié charbon en volume, on risque d'y occasionner des accidents.

C'est qu'en effet, l'eau qui se dégage du bois, celle qui mouille le minerai et celle qui lui est combinée, donnent ensemble un excès d'eau dans le haut fourneau. Cet excès d'eau, particulièrement dans les temps très-pluvieux où le minerai est très-mouillé, peut, arrivant jusqu'à la région basse du haut fourneau, produire de la vapeur et entraîner une explosion.

Mais on peut, sans chances d'accident, charger dans le haut fourneau un tiers du bois vert, et moitié de bois séché à l'étuve.

Le bois torréfié est évidemment plus avantageux que
le bois sec dans le haut fourneau, et celui-ci que le
bois vert, mais d'un autre côté, le bois torréfié exige de
la main-d'œuvre, des frais d'établissement pour les
caisses, et l'emploi d'une partie des gaz du fourneau,
ce qui n'est pas praticable si tous ces gaz sont utilisés,
car la torréfaction empêche naturellement de tirer tout
autre parti des flammes qu'elle emploie.

C'est d'après ces considérations de distances pour le
transport du bois, et de possibilité de disposer des flammes du gueulard qu'est réglé l'emploi du bois, et on
remarque dans des fourneaux voisins, quelquefois ap-
partenant au même propriétaire, ici l'emploi du bois
torréfié pour moitié ou plus du volume du combustible, là l'emploi du bois sec pour moitié, plus loin l'emploi du bois cru pour un tiers ou un quart du volume
du combustible chargé ; l'excédant étant toujours du
charbon de bois.

Les chemins de fer paraissent appelés à donner du
développement à l'emploi du bois, en permettant de le
transporter à prix réduit, et il y aurait quelque utilité à
le carboniser ou à le torréfier près d'une station, pour
que, si l'usine est soudée à une voie ferrée, elle puisse
recevoir le combustible préparé par un seul transport,
et sans transbordements.

Jusqu'ici, quand on emploie le bois desséché, la dessiccation artificielle s'est opérée à l'usine même.

L'opération se fait dans des foyers spéciaux, où la

combustion est lente et facile à étouffer, en vue d'éviter de porter jamais l'inflammation jusqu'au bois des séchoirs.

On y emploie aussi les flammes perdues soit des feux d'affinerie, soit du gueulard du haut fourneau lui-même.

Si ces flammes ont plusieurs usages successifs, il convient que la dessiccation du bois soit leur dernier emploi. Ces flammes qu'on introduit dans le séchoir s'y mêlent en effet à des vapeurs aqueuses, et par là même ne sont plus susceptibles d'aucun usage.

A la fin de l'opération les gaz chauds introduits dans les séchoirs commencent à distiller le bois, leur odeur devient piquante (1).

Le bois est desséché tel qu'il vient des forêts; on le découpe après aussi facilement qu'avant.

Les séchoirs sont des chambres de $3^m,30$ de côté en carré, sur $2^m,70$ de hauteur. Le fond est un plancher de fonte sous lequel circulent la flamme et les fumées; elles s'en élèvent par de petites cheminées jusqu'au toit du séchoir, et ne se répandent qu'après dans la masse du bois pour l'échauffer par contact immédiat.

L'air humide s'échappe par le bas.

Le bois est placé sur des chevalets de fonte, ou des tasseaux de briques; tant pour éviter son contact avec la fonte qui pourrait trop l'échauffer, que pour faciliter le dégagement des vapeurs et des gaz.

(1) Mémoire de M. Bineau, déjà cité.

Les bûches régulièrement arrangées par lits jusqu'à un mètre de hauteur, sont jetées pêle-mêle par-dessus.

L'opération dure ordinairement 48 heures et le re-froidissement 24.

Le bois desséché artificiellement est surtout employé dans les hauts fourneaux de la Haute-Saône.

Une forte dessiccation fait perdre au bois, en vo-lume, 17 à 18 pour 100, et 30 à 40 pour 100 en poids.

On voit par ces chiffres qu'il faut environ 1,75 stère de bois desséché pour produire au haut fourneau, le même effet qu'un mètre cube de charbon (1).

La carbonisation du bois en forêt lui fait perdre jus-qu'à 80 à 83 pour 100 de son poids; mais avec une perte réelle de combustible. Très-avantageuse pour les transports, elle est bien défectueuse pour l'économie du bois.

On sent qu'il y aurait grand avantage à torréfier en forêt, ou au moins à fortement dessécher le bois, de manière à réduire son poids à 55 ou 50 pour 100 du poids primitif en le torréfiant, ou à 60 ou 70 pour 100 de son poids en le desséchant; de façon, dans les deux cas, avec de plus grands frais de transport, à sup-porter, à obtenir tout l'effet du combustible au haut

(1) En effet, l'équivalent d'un mètre cube de charbon est de 2,10 stères de bois vert, ceux-ci perdant par dessiccation 18 p. 100 en volume, donnent 1,75 stère de bois sec, qui suffit largement, par cela même qu'il est chargé sec en haut fourneau, à remplacer un mètre cube de charbon.

fourneau, et à éviter les déchets de transport et de halle, comme aussi ceux de la carbonisation en forêt.

Malheureusement, les tentatives nombreuses faites jusqu'ici pour remplacer en forêt, la carbonisation par la torréfaction ou la dessiccation du bois, n'ont pas encore complétement réussi.

Voici l'un des procédés les plus simples que l'on ait employés jusqu'ici, et qui par là même, aient le plus approché du but :

L'appareil qui sert à la carbonisation et qu'on peut porter dans la forêt, est une cloche cylindrique en tôle sans fond, qu'on pose droite sur le sol. On l'entoure à la base d'un petit talus de terre, pour en opérer la fermeture.

La cloche a 2 mètres de haut et 1^m,20 de diamètre.

Son fond supérieur en tôle est percé de trois ouvertures. On jette des charbons embrasés par l'une d'elles, et par-dessus un peu de bois. Celui-ci s'allume et sa combustion est alimentée par l'air de la cloche.

On ajoute immédiatement un peu de bois, la quantité de combustible embrasé n'augmente pas ; le bois ajouté se dessèche et se torréfie. Les gaz et les vapeurs s'échappent par les trois ouvertures, on surveille leur dégagement ; et quand il est utile, on ajoute du bois jusqu'à ce que la cloche soit pleine. On laisse se torréfier la dernière portion de bois ajoutée, et le tout se refroidir. On soulève alors la cloche avec une grue, et l'opération est terminée.

Ce procédé soulève plusieurs objections nonobstant sa simplicité.

La bonne conduite de l'opération reste, comme dans la carbonisation ordinaire, subordonnée à l'intelligence et aux soins de l'ouvrier; conséquemment, aussi bien que dans la carbonisation en meule, sa négligence peut causer de grandes pertes, en laissant brûler une partie du combustible par la mauvaise conduite de l'opération.

D'autre part, un appareil de ce genre ne peut être transporté en forêt, qu'avec des dimensions restreintes, mais alors il y a nécessité d'employer beaucoup d'appareils, ce qui entraîne d'assez grands frais de main-d'œuvre. De plus, il faut une grue pour les mouvoir, une scie mue par une locomobile pour débiter le bois, que l'appareil ne reçoit qu'en morceaux, etc....

On voit, que cette solution si simple, n'est pas encore satisfaisante. Elle exige trop d'installations.

Le problème reste à résoudre, avec son importance et ses difficultés.

L'emploi du bois torréfié ou desséché, préparé au haut fourneau, est néanmoins déjà d'un grand avantage, mais cet avantage, essentiellement relatif aux distances et aux facilités de transport du bois, a une mesure différente pour chaque haut fourneau; il n'est pas susceptible d'évaluation générale. On en peut dire autant, relativement à l'emploi du bois vert.

IV

Emploi du coke en mélange avec le combustible végétal.

Une des manières dont les maîtres de forges peuvent le mieux tirer parti des communications nouvelles, consiste à faire venir aux hauts fourneaux qui ont jusqu'ici marché exclusivement au charbon de bois ou au bois, du coke qui peut remplacer le combustible végétal avec un grand avantage de prix et une différence de qualité peu sensible, si le coke est bien choisi.

Les hauts fourneaux où on emploie le coke en Angleterre et en Belgique, sont de grandes dimensions.

On a été amené à les construire pour une grande production journalière, afin d'obtenir un peu de réduction dans la consommation du coke, et aussi pour abaisser les frais généraux.

Ces points de vue sont vrais ; mais il ne faudrait pas, croyons-nous, s'y attacher trop exclusivement, et croire, par exemple, que l'emploi du coke, en partie ou en totalité, dans une contrée où le combustible est du charbon de bois ou du bois, exige nécessairement la création de nouveaux hauts fourneaux d'une beaucoup plus grande dimension.

Il y a plus. Certains hauts fourneaux ont nécessaire-

ment un approvisionnement de minerai limité. En aug-
mentant l'exploitation, on élèverait le prix du minerai,
quelquefois par défaut de ressources du gîte, mais bien
plus souvent à cause de la difficulté d'obtenir à proximité l'eau indispensable au lavage.

De plus, pour leur création et leur roulement, les
hauts fourneaux au coke de grandes dimensions exigent
de grands capitaux qu'on n'est pas toujours disposé à
y consacrer, ce qui donne tout au moins un retard pour
l'emploi du coke.

Il y a donc avantage, et cela est parfaitement possible, à remplacer, dans un haut fourneau qui a marché
au combustible végétal pour une production journalière de 5 à 6 tonnes, le combustible végétal par du
coke en partie ou en totalité.

Cela n'entraîne même aucun changement important
dans le montage du haut fourneau.

Il est nécessaire seulement d'avoir une forte soufflerie.

Il semble qu'il en faille une très-forte, parce que les
hauts fourneaux au coke en ont de très-fortes en effet;
mais si l'on tient compte de leur grande production,
qu'on calcule la quantité de vent nécessaire pour chaque
tonne de fonte produite au charbon de bois ou au coke;
on reconnaît qu'il ne faut jamais plus de 2 chevaux
de force de soufflerie à l'air chaud pour produire une
tonne de fonte au charbon de bois, et que 3 chevaux suffisent toujours pour la produire au coke.

Ainsi, quand on substitue dans un même haut fourneau, le coke au charbon de bois, il suffit de développer une force de soufflerie de moitié en sus.

Généralement, une des causes qui s'opposent à l'emploi du coke, c'est qu'on se fait une idée exagérée de la
quantité de ce combustible qui est nécessaire à la fusion du minerai du fer.

En réalité, quand le coke est bon, et nous entendons
par là surtout quand il tient peu de cendres, sa consommation pour obtenir une tonne de fonte est très-
peu supérieure à celle qu'exigerait par exemple l'emploi du charbon de bois.

Il est vrai, qu'à l'origine, beaucoup de hauts fourneaux au coke ont fait une très-grande consommation
de ce combustible; mais, successivement, on l'a vue se
réduire, en employant du coke plus pur, en faisant
usage de l'air chaud, et en dirigeant mieux la fusion.

Ainsi en Belgique, plusieurs usines n'emploient que
1,400 kilogrammes de coke. Il paraît qu'en France
plusieurs hauts fourneaux en ont dépensé moins. On
lit même dans l'ouvrage de M. Valérius que les hauts
fourneaux de l'arrondissement de Charleroi, n'emploient que 1,000 kilogrammes de coke pour 1,000 kilogrammes de fonte en marche ordinaire, et 1,250 quand
on force la production.

On voit donc qu'une tonne de fonte n'exige, pour être
produite avec du coke, que très-peu plus de combus-

tible en poids, que pour l'obtenir avec du charbon de bois.

Il en résulte, que le très-grand avantage de prix que présente généralement, à poids égal, le coke sur le charbon de bois, ressort presque intégralement en faveur du prix de la fonte obtenue au combustible minéral ; et que la dépense en combustible peut être généralement ainsi, réduite d'un tiers environ.

Mais ce n'est pas là le seul avantage économique de l'emploi du coke. L'usage de ce combustible en donne un autre très-sensible, par la réduction du fonds de roulement du haut fourneau, fonds de roulement dont l'intérêt doit être compté à 6 pour 100 au moins, à la charge du prix de revient de la fonte.

L'emploi du combustible végétal entraîne des dépenses qui précèdent son emploi de quinze à dix-huit mois, tandis qu'en général, avec le coke, un approvisionnement de trois mois suffit ; de sorte que les avances pour l'achat du combustible sont très-faibles.

Il en résulte qu'un même haut fourneau d'une production journalière de 4 à 5 tonnes, étant employé successivement avec du combustible végétal, et avec du coke, on peut, dans le second cas, retirer du fonds de roulement 50,000 à 60,000 francs. Ainsi 12,000 francs pour chaque tonne de production journalière, dont l'intérêt, à 6 pour 100, est de 720 francs pour 300 tonnes, si le fourneau marche 300 jours ; soit 2^{fr},40 par tonne. C'est une économie de 2 1/3 au moins

3

pour 100 sur le revient de la fonte, par le seul fait de la réduction du fonds de roulement.

A quoi il faut ajouter, que le fonds de roulement étant diminué, l'entreprise est en même temps moins engagée vis-à-vis des éventualités commerciales de l'avenir ; avantage précieux, dont il est difficile de fixer la mesure ; mais que beaucoup de maîtres de forges évalueraient au moins encore, à un bénéfice de 1 pour 100.

Le choix du coke employé à la fusion du minerai de fer importe beaucoup. Ce qui intéresse particulièrement, c'est qu'il tienne peu de cendres.

Dans ce cas en effet, il tient en général aussi moins de soufre, et de plus les cendres sont une matière stérile qu'il faut transporter et fondre en pure perte ; enfin, quand le coke contient beaucoup de cendres, outre qu'il en faut beaucoup plus pour produire la fonte, la qualité obtenue s'en ressent toujours d'une manière fâcheuse.

La quantité de cendres que contient le coke, est celle qu'aurait donnée en brûlant la houille qui a servi à le fabriquer.

La houille extraite des puits qui atteignent plusieurs couches, a souvent un degré de pureté différent d'une couche à l'autre.

C'est que, tandis qu'une couche a des parois résistantes dont aucun débris ne vient se mêler à la houille, d'autres, au contraire, ont des parois qui ne résistent pas, et qui souillent la houille de fragments et de poussières stériles.

Si on transforme ces deux natures différentes de houille en coke, on observe que, tandis que la houille pure donne un coke qui ne renferme que 4 à 5 pour 100 de cendres, la houille impure, au contraire, en donne un qui en tient 15 et 20 pour 100, quelquefois même plus.

La houille menue est, plus que la grosse, susceptible d'être souillée de cette manière. Moins estimée d'ailleurs par son état de division, elle était, il y a quelques années encore, tellement dépréciée en Angleterre, qu'elle n'y avait d'autre usage, que de combler des marais, ou de former des remblais de chemins de fer ; ce qui était assurément un triste emploi d'une matière sortie des mines avec tant de peines, de dépenses et quelquefois de dangers.

C'était particulièrement le cas dans le bassin houiller de Newcastle, où il arrivait même que des exploitants faisaient brûler ces fins charbons sur le bord des puits d'extraction, et étaient obligés de payer le sol ainsi occupé, et de plus des indemnités, en raison de l'action des vapeurs sulfureuses sur la végétation du voisinage.

Il y a dix à douze ans qu'on eut l'heureuse idée de laver cette houille, et d'en séparer le stérile qui pèse plus que la houille en la mettant en suspension dans l'eau.

On obtient ainsi de menues houilles susceptibles de produire un coke aussi pur que les meilleurs gros

morceaux. Ce fut un grand progrès qui répandit beaucoup l'emploi du coke épuré.

M. Aristide Bérard, dans un Mémoire sur l'épuration
de la houille (1), apprécie ainsi l'importance de ce
progrès pour la métallurgie :

« L'épuration de la houille est certainement le progrès le plus important effectué dans la sidérurgie, depuis vingt-cinq ou trente ans. Cette opération a été
dans plusieurs usines, où la houille était sulfureuse,
le signal d'une véritable révolution dans les conditions
de la marche des hauts fourneaux, et dans la qualité
du produit. »

Les expressions de l'auteur, quoi qu'il en puisse pa-
raître, ne nous semblent pas exagérées.

Il ajoute plus loin :

« Les avantages réalisés dans les hauts fourneaux
par l'emploi des cokes épurés portent sur trois points
essentiels :

« 1° Réduction dans la consommation,

« 2° Allure plus facile,

« 3° Amélioration dans la qualité du produit. »

Enfin, il évalue à 20 pour 100 au moins, l'économie
de consommation du combustible, et il ajoute que les
avantages du coke pur, quant à l'allure du haut fourneau, à la régularité de sa marche, à la facilité du
travail, sont trop connus actuellement des praticiens,
pour qu'il soit nécessaire de beaucoup insister.

(1) *Annales des Mines*, 5e série, t. IX, 1856.

Nous croyons que cette question n'est pas aussi généralement connue des praticiens qu'il le suppose ; et que
les avantages de l'emploi du coke épuré pour la marche
des hauts fourneaux dépassent encore ce qu'il annonce.

Ainsi, il est facile de comprendre que si le coke
passe irrégulièrement, pendant la fusion du minerai,
d'une teneur en cendres qui, de 5 pour 100, peut s'é-
lever à 10, 15 ou 20 ; la régularité de la marche du
haut fourneau n'est nullement assurée. On peut obtenir
une fonte très-médiocre, le jour même où on a besoin
d'une fonte de choix ; parce que les cendres entrant
dans le laitier en font varier la quantité et la fusibilité
quand leur proportion varie. Or, quand le laitier est
abondant ou trop visqueux, la fonte est inférieure. L'incertitude seule sur la nature du produit, est d'ailleurs
un grand désavantage dans certaines circonstances.

Mais si au contraire, le coke est vérifié à 6 pour 100
de cendres, par exemple, cet élément régulier réagit
très-avantageusement sur l'allure du haut fourneau,
si d'ailleurs les charges de minerai sont elles-mêmes
uniformes.

On comprend facilement que la qualité de la fonte
soit améliorée par l'emploi des cokes plus purs ; car,
ce qui fait la différence du coke au combustible végétal qui donne de meilleure fonte, c'est surtout que
le coke tient plus de cendres, et qu'elles sont pierreuses ; tandis que le combustible végétal tient beaucoup moins de cendres, et qu'elles sont de nature

alcaline; aidant à la fusion, au lieu d'y résister.

Lorsque, comme on l'a fait longtemps, on produit la fonte avec des cokes tenant 15 à 20 pour 100 de cendres, et avec des minerais de médiocre qualité, la fonte au coke est notablement inférieure à la fonte au charbon de bois.

Or, la nécessité d'employer des minerais médiocres, suit presque toujours la nécessité d'une grande production.

Mais si, dans une région métallurgique où on a jus-qu'ici employé du charbon ou du bois, on substitue l'emploi du coke sans développer la production, il arrivera, qu'avec les mêmes minerais qu'on employait d'abord, et des cokes de choix, la différence de qualité de la fonte sera très-peu sensible. Elle se traduira à peine par 10 francs de différence sur le prix de vente des 1,000 kilogrammes, et l'avantage de l'emploi du coke sera conséquemment très-saillant.

V

Avantages de l'emploi du coke épuré dans les hauts fourneaux au coke. Emploi de la houille.

Les hauts fourneaux qui ont été créés en France pour marcher au coke, mettent en général peu d'attention à le choisir, et il faut reconnaître, qu'établis la plupart sur les bassins houillers, ils ont raison de moins rechercher le coke pur que les hauts fourneaux qui doivent l'employer loin des mines de houille.

Ceux-ci, en effet, ont à se préoccuper de ne pas transporter le stérile, question sans portée pour les hauts fourneaux voisins des fours à coke.

Cependant, tel est l'ensemble des avantages de l'emploi du coke épuré pour la fusion du minerai de fer, qu'à y bien regarder, il y a, pour les hauts fourneaux au coke, un très-grand avantage à rechercher la bonne qualité de ce combustible.

Avec du coke de qualité, on obtient une bonne fonte, celle-ci donne de bon fer ; et à une condition de prix de revient qu'on ne pourrait satisfaire si, le coke n'étant pas choisi, et la fonte obtenue se trouvant médiocre, on cherchait à corriger ultérieurement ce défaut, par des corroyages du fer qui en proviendrait.

De même que les hauts fourneaux au charbon de bois très-voisins des forêts, ou, ce qui revient au même, ayant pour le bois des transports très-faciles, ont intérêt à remplacer le charbon par le bois en nature ; des hauts fourneaux au coke peuvent trouver un avantage, quelquefois très-important, à employer de la houille au lieu de coke. De la sorte, on a des frais de transport plus élevés, mais on gagne sur le déchet de la carbonisation, et sur la main-d'œuvre que cette carbonisation exige.

L'emploi de la houille a été fait pour la première fois avec succès dans les hauts fourneaux de l'Écosse, en même temps qu'on y introduisait l'usage de l'air chaud.

. Cependant, l'échauffement de l'air, toujours économique et avantageux à l'allure, n'est pas indispensable pour l'emploi au haut fourneau de toute espèce de houille.

L'économie qui résulte de l'emploi de la houille crue au haut fourneau, est d'autant plus considérable qu'elle est plus sèche de sa nature, parce qu'une semblable houille est celle qui perd le plus à la carbonisation.

Les houilles sèches et carbonées, qui donnent jusqu'à 70 et 80 pour 100 de charbon, sont ainsi celles qui se prêtent le mieux à être chargées directement aux hauts fourneaux.

. L'anthracite réussit très-bien (1), mais à la condition de ne pas décrépiter et se réduire en poussière. L'anthracite des Alpes est dans ce dernier cas. Tel paraît être le motif qui a empêché que son emploi ne réussît au haut fourneau de Vizille (Isère).

Les houilles très-bitumineuses, au contraire, ne sauraient convenir ; parce que, s'agglutinant dans le fourneau, elles s'opposent à ce que l'air traverse.

Les houilles pyriteuses ne sauraient non plus être employées, le soufre gâtant la fonte ; tandis que le coke provenant des mêmes houilles peut cependant réussir,

_____

(1) *Notice* sur l'emploi de l'anthracite dans les hauts fourneaux du pays de Galles par M. A. Daubrée, *Annales des Mines*, t. XIV, 3e série, 1838.

si la fabrication du coke a beaucoup dégagé de soufre.

Les houilles menues ne sauraient convenir dans aucun cas.

En définitive, les houilles les plus convenables sont celles qui se rapprochent le plus de la nature du coke, parce que leurs morceaux tiennent sans se diviser, qu'elles sont plus pures, plus charbonneuses, et renferment moins de bitume.

L'emploi de la houille, substitué à celui du coke, exige un élargissement du gueulard, moindre toutefois que la substitution du bois au charbon, une surélévation de la cheminée pour que la houille soit au moins trente-six heures à se carboniser, une plus grande tension du vent, et conséquemment une plus grande force de soufflerie.

L'avantage économique à en obtenir, spécial à chaque fourneau qui peut employer avantageusement la houille crue, n'est pas susceptible d'une évaluation générale.

On a obtenu récemment d'une manière très-ingénieuse de beau coke avec du charbon demi-gras. L'artifice qui permet ce résultat, consiste à chauffer les fours extérieurement en employant quelquefois à chauffer un four, les gaz mêmes de la carbonisation.

On recommande ces cokes pour tous les usages, particulièrement la métallurgie.

A moins de grands frais de transport à subir, nous pensons qu'en général ces houilles demi-grasses seraient tout aussi avantageusement chargées à l'état cru dans les hauts fourneaux.

Un objet bien important pour les hauts fourneaux au coke de grandes dimensions, qui emploient beaucoup de minerais, c'est le choix et la proportion des minerais qui forment le lit de fusion.

Avec quelques tâtonnements, on arrive facilement à un mélange préférable à ceux qui en différeraient peu, quant aux proportions. Mais rien ne prouve qu'un mélange notablement différent ne soit meilleur encore pour la qualité et le prix de revient de la fonte, eu égard aux difficultés d'extraction et de transport de certaines natures de minerais, et à la proportion comme à la nature des cendres du coke.

Il est important de bien étudier cette question, à l'aide d'analyses de toutes les matières chargées au haut fourneau.

Comme elle ne comporte toutefois que des solutions spéciales, nous ne pouvons que l'indiquer sans nous y arrêter, ce que nous ne saurions faire utilement.

VI

Feux d'affinerie voûtés et fours à la suite.

Les feux d'affinerie autrefois exclusivement employés en France, à la transformation de la fonte en fer, sont encore utilisés en grand nombre. On comprend qu'on les conserve, car si l'emploi du combustible végétal y

donne une dépense plus forte que la houille au four à
puddler, le fer est meilleur ; et il y a compensation.

La tendance en les conservant, est toutefois d'augmenter leurs dimensions, pour qu'avec le même personnel, la main-d'œuvre soit moindre, en se répartissant
sur un plus grand produit journalier.

Comme les hauts fourneaux, le plus grand progrès
qu'ils aient réalisé est l'emploi de la chaleur entraînée
par les gaz hors des foyers , et de celle que peut encore
développer leur combustion.

Non plus que dans les hauts fourneaux, cet emploi
des gaz n'a été réalisé spontanément.

On s'est borné d'abord à recouvrir les feux d'affinerie
d'une voûte pour empêcher la déperdition de la chaleur qui s'en dégage, et la réverbérer dans le foyer lui-
même, au profit de l'opération qu'on y pratique.

Cette amélioration si simple, et actuellement presque
universellement employée, a donné, à elle seule, une
économie de 20 pour 100 sur le combustible consommé sans rien changer d'ailleurs au travail.

Cependant, même après ce progrès, les feux d'affinerie étaient loin d'utiliser complétement la puissance
calorifique du charbon , car les gaz qui en proviennent
sont eux-mêmes combustibles.

On eut alors l'idée de les introduire dans un four,
mêlés convenablement d'air, ce que, le four étant
ouvert, l'appel de sa cheminée produit naturellement.

Pour obtenir ce résultat, on couvrait les feux non plus

seulement d'une voûte, mais d'un rampant conduisant les gaz dans le four qu'ils doivent échauffer.

La chaleur ainsi obtenue suffit, et a été employée en effet à chauffer la fonte à affiner, les barreaux de fer destinés à la fabrication de la verge de tirerie, du fer martiné ou du fer fendu.

On l'a employée à chauffer des barreaux d'acier servant à la fabrication des feuilles soumises à la corroierie, et également les barres de fer plat destinées à la fabrication de la tôle (1).

Suffisant à ces usages, la combustion des gaz des feux d'affinerie peut être employée, à plus forte raison, à ceux qui n'exigent qu'une température moindre.

Ainsi, on les a employés à chauffer des feuilles de tôle à décaper, à recuire le fil de fer, à dessécher le bois pour l'usage des hauts fourneaux ou des feux d'affinerie, à chauffer des appareils à air chaud, enfin, après ces divers usages, et à la suite de plusieurs fours qui y sont destinés, on trouve, particulièrement dans les Vosges, comme dernier emploi, le chauffage de fours à pain.

On comprend, et nous reviendrons sur ce point, qu'on peut les utiliser à produire la vapeur motrice de la soufflerie et du martelage.

L'usage des feux d'affinerie voûtés est ancien, parti-

(1) Mémoire sur les perfectionnements des feux d'affinerie par M. Thirria, ingénieur en chef des Mines : *Annales des Mines*, 3e série, t. XVIII, 1840.

culièrement dans la Haute-Marne, où ils ont été importés du Berry, dès 1832, par M. Bordet-Giey, maître de forges, propriétaire des usines d'Auberives (Haute-Marne).

Cependant, malgré l'ancienneté de leur usage, nous croyons que quelques détails précis sur leur installation, peuvent encore présenter de l'intérêt à quelques maîtres de forges français.

Disons comment ces feux sont installés dans la Haute-Marne.

Ils sont rectangulaires, de 0^m,70 de longueur et 0^m,50 de largeur en moyenne. Leur profondeur au-dessous de la tuyère est de 0^m,20. Ils produisent 20,000 kilogrammes de gros fer environ par mois et par feu (1).

On y utilise les flammes, en les prenant à 1^m,00 ou 1^m,50 du fond du foyer, les faisant, à ce niveau, passer par une ouverture large et peu élevée, et les répandant sur la sole d'un four à réverbère recouvert d'une voûte plate, en général abaissée sur les bords.

Si on chauffe de gros fers, la surface du four à réverbère est relativement petite, et la section de la cheminée d'appel est au contraire étendue.

Si on chauffe de petits fers, on fait la sole plus large, et on donne moins de section à la cheminée.

Si on chauffe de la tôle, on double la sole qui sert pour les petits fers, et on réduit la section de la cheminée à moitié.

(1) M. Thirria, Mémoire déjà cité.

En prenant les valeurs moyennes mesurées sur divers fours employés au réchauffage du petit fer on trouve que l'ouverture d'entrée des flammes a $1^m,00$ de large avec $0^m,20$ à $0^m,25$ de hauteur au milieu, moins vers les bords ; que les chauffes ont moyennement $3^{mq},00$ de surface, les voûtes $0^m,30$ d'élévation au centre, et les cheminées $0^{mq},08$.

L'emploi d'un de ces fours, à quelque réchauffage qu'on les utilise, économise 30 kilogr. de houille par heure, qu'il faudrait employer pour le chauffer sans les flammes.

Les fours à tôle ont, comme on vient de dire, beaucoup plus de surface, quelquefois plus de 10 mètres carrés.

La flamme est introduite par une ouverture plus large et moins haute que celle qui sert pour les petits fers. Elle a $1^m,20$ de longueur et $0^m,15$ à $0^m,16$ de hauteur au milieu.

La hauteur de la voûte du four est moindre ; de $0^m,18$ à $0^m,20$ au milieu.

La cheminée a $0^{mq},04$ de section, quelquefois un peu plus.

L'emploi de ces feux présente deux inconvénients auxquels il est facile de remédier, ce qui importe pour ne pas donner prise aux ouvriers, naturellement ennemis de tout ce qui dérange leur routine, et qui ne manqueraient pas de se refuser à employer ces feux, si on n'y pourvoyait.

Le premier, c'est que la chaleur se porte davantage

sur le devant du feu, où sa réverbération incommode beaucoup le forgeron.

On y obvie, à l'aide d'une double plaque de forte tôle formant écran pour l'ouvrier en avant du feu.

La plaque extérieure est jointive à la voûte ; mais la plaque intérieure distante de la première de 0ᵐ,16 à 0ᵐ,18 ne la joint pas ; de sorte que l'air passe entre les deux plaques, puis, par l'intervalle entre la seconde et la voûte ; en les rafraîchissant incessamment toutes deux, au bénéfice de la combustion que cet air détermine après, puisqu'il s'échauffe lui-même dans ce passage.

D'autres fois, on rafraîchit encore la plaque extérieure par un filet d'eau qui en humecte incessamment toute la surface.

Le second reproche fait aux feux voûtés, c'est qu'il se soude à la voûte, immédiatement au-dessus du feu, un mélange de scories et de fraisils, connu des ouvriers sous le nom de *sarrazin*, qui se détache par intervalles, tombe dans le feu, et nuit à la qualité du fer, si on n'a pas soin de l'écarter.

Pour enlever le sarrazin, on dispose la plaque extérieure du foyer en forme de porte qu'on ouvre. La seconde plaque n'étant pas jointive à la voûte, l'ouvrier peut facilement passer par l'intervalle un ringard, et nettoyer la voûte. Pour que le sarrazin n'entre pas dans le foyer, on couvre celui-ci d'une large pelle qui le reçoit et sert à l'enlever.

Si, au lieu d'employer les gaz d'un feu d'affinerie au réchauffage du fer ou de la tôle, on en a besoin pour le mouvement même de la soufflerie ou du marteau, il faut disposer à la suite du rampant voûté, une chaudière à vapeur.

On peut évaluer la puissance de vapeur qu'il est possible de produire ainsi, à 10 chevaux, qui suffisent pour une partie (2 chevaux environ) à la soufflerie, et pour le reste au martelage, soit qu'on applique une machine à vapeur ordinaire à un ancien marteau de feu d'affinerie, pour le mettre en mouvement ; soit qu'on emploie un marteau-pilon.

Ces dispositions sont surtout faciles, si on a plusieurs feux ; car la vapeur, qui pourrait faire défaut avec un feu seul, ne manque jamais quand on dispose de deux seulement.

VII

Emploi de l'air chaud dans les feux d'affinerie.

L'emploi de l'air chaud, dans les feux d'affinerie, a donné lieu à des essais dont les résultats ont été peu concordants.

Cela s'explique par deux causes :

D'abord, parce que les souffleries qui ont besoin d'être beaucoup plus fortes quand l'air est chaud, pour introduire le même poids d'air, se sont trouvées insuffisantes, sans qu'on y prît garde, avec la force qui suffisait pour la marche à l'air froid.

Ensuite, parce que l'économie de combustible à réaliser, naturellement proportionnée à la consommation, n'était pas tellement importante, qu'elle dût toujours dans des essais ressortir clairement.

Cependant, il nous paraît constant, par les mêmes motifs que pour les hauts fourneaux, que l'emploi de l'air chaud doit être avantageux dans les feux d'affinerie ; et que cet emploi doit se faire avec des souffleries d'une force presque double de celle qu'exige l'air froid.

VIII

Emploi du bois vert, desséché ou torréfié dans les affineries.

Des essais faits dans plusieurs forges, entre autres à Audincourt (Doubs), ont montré qu'on peut alimenter un feu d'affinerie avec du bois vert, jusqu'à la proportion de 4/7 de charbon, contre 3/7 de bois, sans que la température du feu cesse de porter au blanc soudant les pièces à forger ; il est nécessaire toutefois, pour cela, que l'air soit chauffé à 200° environ (1).

A la forge d'Oberbruck (Haut-Rhin), on avait l'at-

(1) Thirria, mémoire déjà cité.

4

tention, en faisant les essais de la marche au bois vert, de le charger après le forgeage, et pendant la fusion de la gueuse.

Si on fait usage du bois desséché, on peut l'employer pour moitié dans le feu d'affinerie ; cela a été constaté dans plusieurs usines de la Haute-Saône ; l'économie de combustible est alors de 15 pour 100 ; l'économie en argent est moindre, et dépend des distances d'où vient le bois. Il faut encore employer l'air chaud. Il est présumable d'ailleurs que les feux d'affinerie pourraient marcher au bois desséché, comme seul combustible.

Le bois torréfié a été essayé à l'usine de Senuc (Ardennes) avec une économie de 30 pour 100 environ de la consommation primitive.

Nous croyons, d'après ces essais, que les affineries voisines des forêts pourraient tirer avantage du bois desséché ou torréfié, à l'exclusion du charbon, à la condition de donner un excédant de force à la soufflerie, pour faciliter l'emploi de ce procédé, et de chauffer l'air.

Essai avec le coke de choix. — L'emploi du coke n'a pas été, que nous sachions, essayé dans les feux d'affinerie. Il serait difficile, en l'employant, de conserver toute la qualité du fer. Néanmoins, disposant d'un bon vent et d'un coke de choix, nous croyons que ce procédé pourrait être utilement employé, là où le bois est cher, et où le coke peut venir facilement.

IX

Emploi du ligneux dans les forges en Russie, en Suède et en Autriche.

Depuis vingt ans environ, il s'est établi en Russie, en Suède, et surtout en Autriche (Styrie et Carinthie), de grandes usines où on emploie le bois desséché artificiellement à la fabrication du fer, par un procédé qui n'est pas pratiqué en France, mais qui pourrait être utile à quelques-unes de nos forges placées à proximité des forêts, et dépourvues de houille, à un prix convenable.

Le bois employé n'est pas à son état naturel, parce que, à cet état, il ne développerait pas les hautes températures nécessaires en métallurgie ; on le brûle après une dessiccation faite à l'usine, qui lui fait perdre en eau de 30 à 40 pour 100 de son poids.

Ce bois desséché est connu dans ces forges sous le nom de *ligneux*.

On le prépare dans de grandes chambres, en le plaçant sur un grillage au-dessous duquel sont amenés les gaz d'un foyer, à une température assez ménagée, pour opérer la dessiccation sans jamais enflammer le bois, ou bien encore, en chauffant ces chambres par un foyer muni d'un long développement de tuyaux de tôle ou de

fonte, lesquels foyers et tuyaux rayonnent leur chaleur sur le bois, à une distance qui opère la dessiccation, et ne permet pas que le bois prenne feu.

Ce ligneux est employé dans des fours à réverbère
analogues aux fours à puddler et à souder, chauffés à
la houille, avec cette différence, que leur chauffe est
plus profonde, et que de plus la combustion s'opère
sous l'effet d'un double courant d'air forcé (1).

L'un de ces courants, amené sous le foyer, donne
l'air convenable à la combustion qu'on y détermine;
l'autre, préalablement chauffé, débouche sur la sole du
four, par une large tuyère qui passe au-dessus du pont.

Le foyer chargé de ligneux en excès fournit des gaz
combustibles, non mêlés d'oxygène libre.

L'ouvrier, à l'aide de deux registres, fait affluer convenablement l'air sous la grille, et arriver dans le four, l'air
chaud en proportion utile à la combustion de ces gaz.

Le travail se fait, comme dans les fours à puddler et
à souder, avec les mêmes avantages de grande production, et avec les mêmes moyens mécaniques puissants
et rapides.

Cet emploi du ligneux fait ressortir l'avantage que
nous avons signalé, d'un procédé qui permettrait de
sécher ou de torréfier le bois en forêt; ce qui serait
beaucoup plus avantageux pour les transports, que de
préparer le ligneux à l'usine.

(1) Voir à ce sujet le mémoire de M. Leplay, *Annales des Mines*,
t. III, année 1853.

X

Utilisation des flammes des feux de finerie.

On sait que le finage est une opération par laquelle
on prépare les fontes au puddlage, que cette opération
s'exécute peu pour les fontes au bois, généralement
assez pures; non plus que pour les fontes obtenues de
bons minerais, avec du coke bien fait; mais que certains
minerais, particulièrement ceux qui sont siliceux, de-
mandent cette opération; que peu d'usines la font,
mais que, comme elle y est nécessaire à l'amélioration
de la fonte, elles la font toujours.

Cette opération exige une dépense pour le combustible des machines soufflantes qui, croyons-nous, peut
être évitée.

Il nous paraît que les feux de finerie comportent une
utilisation de leurs flammes, en tout analogue, sur une
plus grande échelle, à celle des feux d'affinerie; avec
cette seule différence, qu'elles doivent être plus abon-
dantes, et peut-être, d'une température plus élevée; il
doit être possible d'en tirer le même parti pour des
réchauffages, des recuits, etc.....

Et, dans tous les cas, si les besoins de l'usine ne ré-
clament pas cette nature d'emploi, il doit être facile
d'en tirer parti, au moins pour l'échauffement de l'air,

et la production de vapeur nécessaire au mouvement de leur propre soufflerie.

Même après le chauffage d'un appareil à air chaud, si on utilise toutes ces flammes à une production de vapeur, elle doit excéder de beaucoup celle que réclame le mouvement des machines soufflantes, circonstance avantageuse; car on sait toujours tirer parti d'un excédant de vapeur dans une usine; et les forges, en particulier, prendront toujours davantage le pli de produire et d'utiliser le plus possible de vapeur.

XI

Utilisation des flammes des fours à puddler pour produire la vapeur nécessaire au cinglage et au mouvement des cylindres ébaucheurs.

Les fours à puddler, comme les autres foyers métallurgiques, n'employaient que très-imparfaitement la puissance calorifique du combustible qu'on y consomme.

On a eu l'idée, pour l'utiliser mieux, d'employer les flammes, après l'opération principale, à une production de vapeur.

Celle-ci s'obtient, en effet, sans dépense spéciale de combustible, ou à peu près, en telle proportion qu'elle peut fournir la puissance mécanique nécessaire au mouvement de la presse et des cylindres ébaucheurs, c'est-

à-dire toute la force que dépense l'emploi des fours à
puddler.

Dans le Staffordshire et le pays de Galles, on emploie,
pour utiliser ces flammes, des chaudières qui peuvent
présenter beaucoup de surface de chauffe sous un petit
volume (1).

Elles sont formées de douze à quinze bouilleurs ver-
ticaux, de $0^m,40$ de diamètre, et 4 mètres de hauteur
environ, réunis à leur partie supérieure par une demi-
sphère qui les embrasse tous. Elles n'ont d'autre
inconvénient que d'être difficiles à faire et à réparer.

Lorsqu'on a pour la première fois employé en France
la chaleur des fours à puddler au chauffage des chaudières, on a aussi employé une forme de chaudière anglaise, la forme dite à tombeau, qui a l'inconvénient de
ne pas présenter suffisamment de surface de chauffe.
Cette première utilisation eut lieu à l'usine d'Imphy
(Nièvre).

On a reconnu depuis, qu'il n'y avait pas de motifs de
se départir de la forme des chaudières à bouilleurs,
habituellement employées en France avec une chauffe
directe.

Cet emploi est maintenant très-répandu dans les
usines. Nous nous bornerons à dire quelles dispositions il faut prendre pour une bonne utilisation des
flammes.

(1) Flachat, Barrault et Petiet, *Fabrication de la fonte et du fer*,
2ᵉ partie, p. 528.

Celles-ci, étant déjà employées dans le foyer métallurgique, ont moins de force pour produire la vapeur que les flammes d'un foyer direct. Il faut y pourvoir par le développement de la surface de chauffe. Comme pour les hauts fourneaux, il est bien qu'elle soit presque double, qu'avec les foyers ordinaires, soit de $2^{mq},50$ environ par force de cheval.

Il convient aussi que les carneaux soient plus larges. La section de la cheminée doit être à peu près double de celle des cheminées des fours sans chaudières.

On a soin de munir les chaudières d'une chauffe spéciale, pour qu'elles puissent être chauffées pendant le chômage du four, et aussi de ménager aux flammes une issue directe sur la cheminée, pour le cas où on ne veut pas chauffer la chaudière.

On place quelquefois une chaudière sur deux fours. Nous croyons que cette disposition doit être évitée ; car, lorsqu'un seul des fours est chauffé, on n'obtient pas la pression nécessaire ; et si la chaudière est en communication avec d'autres à plus forte pression, elle absorbe leur vapeur qui vient s'y condenser ; ce qui trouble les conditions de l'alimentation des chaudières de l'usine.

On peut recommander l'emploi, sur un four à puddler, d'une chaudière verticale sans bouilleurs.

Une semblable disposition présente les avantages d'économie de place et de construction que nous avons signalés pour son emploi dans les hauts fourneaux.

Un four à puddler ordinaire, brûlant environ 80 kilogrammes de houille par heure, peut donner la vapeur susceptible de mettre en mouvement une machine à détente et condensation de 15 à 18 chevaux, avec une chaudière de 40 mètres carrés de surface de chauffe environ.

Deux fours à puddler peuvent donner la force nécessaire à la presse et au dégrossisseur.

Si on en a un plus grand nombre, on peut substituer à la presse l'emploi du marteau-pilon. Il travaille mieux, et s'il dépense plus de vapeur, on trouve facilement l'excédant sur un certain nombre de fours.

L'avantage principal de cette utilisation des flammes des fours à puddler est de se mettre à l'abri des chômages qu'entraînent les irrégularités des cours d'eau, chômages très-préjudiciables à plusieurs titres.

Il est avantageux aussi de pouvoir placer les fours à puddler dans une situation indépendante des cours d'eau, autrefois nécessaires au mouvement du train ébaucheur ; cela, sans dépense spéciale de combustible, pour la production de vapeur nécessaire à ce mouvement.

XII

Fours à courant d'air et fours bouillants.

On a imaginé, au lieu de faire l'autel et les parois latérales des fours à puddler en briques réfractaires, de les faire en pièces de fonte creuses, dans lesquelles on fait circuler un courant d'air qui les rafraîchit et les empêche de fondre; disposition analogue à ce qu'on a presque toujours fait pour la sole, habituellement formée d'une seule pièce de fonte qu'on recouvre de scories, et sous laquelle on ménage des vides qui, permettant l'accès de l'air, l'empêchent d'être ramollie ou fondue.

Ces fours, dits *fours à air*, ont l'avantage de conserver leur forme, tandis que la brique est attaquée par le travail. Le produit de l'opération est plus pur, parce qu'il ne s'y mêle pas de débris des parois. La température est plus égale, et on peut chauffer le four à une température plus élevée que lorsqu'on a un garnissage de four à ménager.

Cette disposition facilite l'affinage des fontes grises, permet de traiter sans finage préalable, des fontes qui exigeaient avant cette opération, donne du fer plus homogène et meilleur, et a été toujours employée par les usines qui ont tenté de faire de l'acier puddlé.

Au lieu d'une circulation d'air, on établit encore quelquefois une circulation d'eau. Les fours sont alors dits *fours bouillants*. Ils ont les mêmes avantages qu'on vient d'indiquer, et sont même en général préférés.

XIII

Emploi des flammes des fours à réchauffer.

Comme les fours à puddler, les fours à réverbère qui servent à réchauffer ou souder le fer, n'utilisent pour l'opération métallurgique, qu'une très-faible partie de la houille qu'ils consomment; elle est relativement plus faible encore que dans les fours à puddler, parce que la température que nécessite l'opération étant plus élevée, les flammes qui ont servi à l'accomplir, conservent plus de chaleur.

On utilise ces flammes à la production de la vapeur sur les mêmes principes que celles des fours à puddler.

Une chaudière à bouilleurs placée sur un four à réchauffer brûlant 100 kilogrammes de houille par heure, avec une surface de chauffe de 75 mètres carrés, peut donner avec une bonne machine, une force de 30 chevaux qui suffit au mouvement des cylindres employés à corroyer ou à étirer. Par ce moyen, on évite les chômages dus aux irrégularités des cours d'eau.

XIV

Possibilité de l'emploi des flammes des fours à puddler ou à réchauffer au chauffage du fer.

On se demande pourquoi, lorsque les flammes des feux d'affinerie peuvent être indifféremment employées au réchauffage du fer, ou à la production de la vapeur, les fours à puddler ou à réchauffer n'emploient jamais leurs flammes qu'au chauffage des chaudières; et la réponse est simple :

C'est que les feux d'affinerie étant soufflés, en ouvrant ou fermant les portes de travail du réchauffage, on ne saurait nuire à l'opération principale, tandis que dans les fours à puddler ou à souder, l'ouverture de portes de travail, entre la chauffe principale et la cheminée, causerait un dérangement du tirage et nuirait à l'opération essentielle.

Toutefois, on emploie souvent dans les usines, au lieu d'une cheminée spéciale pour chaque four à puddler et chaque four à réchauffer, une cheminée commune de grandes dimensions qui entraîne moins de réparations.

On comprend qu'avec une disposition de ce genre, l'inconvénient que nous venons d'indiquer, de faire un réchauffage à la suite de la sole principale des fours

à puddler ou à réchauffer, soit moindre qu'avec la disposition ordinaire, l'ouverture d'une porte dérangeant
moins le tirage.

On pourrait encore atténuer la difficulté, en employant des portes de travail, pour le four à la suite,
qui s'ouvrissent et se fermassent d'elles-mêmes, et qui
eussent la largeur des pièces introduites.

Une porte de ce genre étant formée d'une plaque
naturellement retombante, que soulèverait pour entrer
la pièce à réchauffer et qui se fermerait ensuite,
permettrait, croyons-nous, d'opérer des réchauffages
sans inconvénient; et par suite, de donner aux fers en
barres les formes exigées par certains emplois, sans
dépense spéciale de combustible.

Les fours qui utilisent les gaz des hauts fourneaux
sont munis de clapets qui s'ouvrent sous l'effet d'une
légère explosion et retombent après d'eux-mêmes, se
fermant par leur propre poids sur leurs siéges inclinés.

Les portes dont nous venons de parler pourraient re-
produire cette disposition.

XV

Supériorité du marteau-pilon sur la presse à cingler.

On emploie concurremment dans les forges, le marteau frontal, la presse et le marteau-pilon à vapeur pour le cinglage des loupes.

Le marteau-pilon est préférable, parce que frappant toujours la pièce qu'on cingle, parallèlement à la face supérieure de l'enclume, il tend ainsi à produire un fer plus homogène.

D'ailleurs, la manœuvre du marteau-pilon est très-facile, son action est rapide, c'est un instrument puissant et docile; ce sont là des raisons très-sérieuses pour qu'on préfère son usage.

Inventé en France, par M. Bourdon, ingénieur du Creuzot, en 1842, il a été revendiqué quelques jours après par M. Nasmyth en Angleterre.

C'est une des machines destinées à rendre le plus de services à la métallurgie comme à la mécanique.

Il peut servir et on l'emploie en effet au forgeage de très-grosses pièces, en conservant au pilon sa forme et frappant sur des enclumes de formes appropriées.

On comprend l'importance pour les usines qui produisent le fer, de le façonner de suite à l'aide du marteau-pilon en grosses pièces ébauchées à livrer aux ateliers de construction pour les terminer.

On peut fournir ainsi ces pièces ébauchées, dans des conditions de prix auxquelles les ateliers de construction ne les obtiendraient pas ; puisque dans les forges le mouvement du pilon ne dépense pas de combustible, et que d'ailleurs il est présumable que si des réchauffages étaient nécessaires, pour façonner les ébauches, on pourrait les obtenir également sans dépense de houille, avec les flammes des fours à puddler et à souder. Ceci suppose toutefois, qu'on prendrait pour ne pas contrarier le tirage de ces fours, les précautions que nous avons indiquées précédemment.

XVI

Possibilité d'obtenir la fonte, le fer en barres, et même la tôle, sur un terrain indépendant de toute force hydraulique, choisi pour la facilité des approvisionnements et des écoulements.

Nous avons indiqué, en ce qui concerne les hauts fourneaux, que leurs gaz pouvant chauffer l'air, et donner de plus la vapeur qu'exige le mouvement de la soufflerie, un haut fourneau à créer doit se préoccuper, dans les nouvelles conditions de la métallurgie, non de chercher un cours d'eau, mais bien plutôt de la facilité de ses approvisionnements et de l'écoulement des produits.

Comme chaque feu d'affinerie, chaque four à puddler et chaque four à souder d'une usine, donne dans ses flammes, le moyen de produire la vapeur nécessaire aux appareils mécaniques dont il réclame l'usage; ce qui est vrai pour un haut fourneau est vrai pour une forge qui produit de gros fer ou des fers marchands.

Il serait difficile d'obtenir la tôle dans les mêmes conditions, si on voulait en même temps la produire sans dépense de houille, à la flamme des feux d'affinerie; car les flammes de ces feux, après avoir chauffé le fer pour la fabrication de la tôle, donné la vapeur pour la soufflerie et le marteau, fourniraient difficilement celle des cylindres à tôle.

Mais si, à l'origine, les flammes des fours à puddler et à souder n'ont donné que la vapeur nécessaire au mouvement des appareils mécaniques correspondants à ces fours, actuellement les progrès du chauffage des chaudières permettent d'obtenir un excédant.

Il s'ensuit, que dans une usine quelque peu importante, on trouve facilement sur la vapeur produite par l'utilisation de toutes les flammes, la puissance motrice nécessaire au mouvement des cylindres à tôle.

Remarquons d'ailleurs, que tel emplacement convenable pour produire la fonte brute, n'est pas toujours celui qui convient mieux pour faire de la fonte, puis du fer ; car si les conditions d'approvisionnement dont on doit se préoccuper dans les deux cas, sont les mêmes en ce qui concerne les hauts fourneaux ; si on y annexe une forge, il faut penser aussi à l'approvisionnement de houille ; et d'autre part les conditions d'écoulement des produits ne sont pas les mêmes.

En général des hauts fourneaux seuls destinés à produire la fonte brute doivent choisir avec plus d'attention leur emplacement. Le choix est moins important quand une forge y est annexée, et moins encore si cette forge donne des formes aux fers, au lieu de les livrer en fers marchands.

Le choix du terrain, très-important quand on produit de la fonte brute, l'est de moins en moins à mesure que par des moulages, ou sa transformation en fer, et l'emploi du fer, l'usine à créer doit dépenser sur place plus de main-d'œuvre.

L'emploi de la vapeur en métallurgie, par l'utilisation des flammes perdues, en regard de tous ses avantages, présente cependant un inconvénient. C'est le chiffre de la dépense de création des usines qui s'élève sensiblement par l'établissement des générateurs, et des machines à vapeur à employer.

Il s'élève d'autant plus qu'il importe, au lieu de mettre dans une forge une puissante machine qui commande tous les trains, d'adapter une machine à chaque train, en se réservant, comme secours dans les cas exceptionnels, la possibilité de commander indistinctement le mouvement d'un train par sa machine propre, ou par une machine voisine.

Ainsi, le mouvement de chacun des trains reste indépendant ; ce qui présente une grande facilité vis-à-vis des demandes de la consommation qui varient souvent, et évite les graves inconvénients d'un moteur général, dont un seul accident paralyse toute l'usine.

Ce principe de la division des moteurs est un de ceux qui sont ressortis le plus clairement, à l'exposition universelle de 1855, comme une tendance générale des ateliers industriels.

Il est avantageux pour les forges comme ailleurs, bien que l'établissement de moteurs divisés coûte sensiblement plus.

XVII

Observations relatives à l'installation des laminoirs.

L'installation des laminoirs dans les forges est un problème dont il est difficile de trouver la meilleure solution, et ceux qu'on croit le mieux construits donnent souvent lieu à des accidents graves qui, outre leur danger, entraînent des réparations importantes et des chômages préjudiciables.

Nous croyons utile de présenter quelques observations à ce sujet :

Les ingénieurs belges sont partagés sur la question de savoir, si les cylindres de laminoirs doivent être mus directement par les cylindres des machines à vapeur, ou si on doit les commander par des rouages intermédiaires. Le premier système est connu sous le nom de traction directe. C'est le parti qui nous paraît préférable, en général, et qu'on doit surtout recommander, parce que, supprimant les roues intermédiaires, il évite les chances d'accidents inhérents à l'emploi de ces roues, lesquels proviennent surtout du bris des dents.

Cependant, ce parti, bon pour les cylindres ébaucheurs et ceux qui font les gros fers, les rails et les tôles, pour lesquels, s'ils ont un diamètre convenable, il suffit d'une vitesse de 60 à 70 tours par minute, ne nous paraît pas devoir être employé pour les cylindres de petits fers qui exigent pour le moins une vitesse de 150 tours à la minute.

En effet, une conséquence de la traction directe est que le cylindre donne autant de coups de piston, que les cylindres font de tours. Or, un cylindre à vapeur peut convenablement donner 60 à 70 coups par minute ; mais il n'en saurait donner 150, qu'à la condition de supprimer la détente, et d'une très-forte dépense de vapeur ; ce qui correspond tout au moins à une plus forte dépense d'installation des générateurs.

Ainsi, pour les trains de petits fers, nous croyons qu'exceptionnellement le système de la traction directe n'est pas à recommander.

Mais, dans tous les cas, le volant, à notre avis, doit être placé sur l'axe des cylindres.

Presque tous les accidents de laminoirs se produisent parce que des ouvriers négligents engagent dans les cannelures des paquets trop peu chauds, ou y laissent passer leurs pinces.

Dans l'un et l'autre cas, il se produit entre les cylindres une pression trop forte pour qu'ils puissent continuer de tourner, et ils s'arrêtent net.

Si le volant pèse 9,000 kilogrammes, a un diamètre de 6 mètres et une vitesse de 80 tours à la minute, il est animé d'une force vive de 2,500 chevaux au moins correspondants à toute la force dépensée par la machine pour le lancer.

Il peut s'arrêter court sans accident s'il est sur l'axe des cylindres, car le paquet froid ou la pince engagée agissent à la façon d'un frein ; mais il est à peu près impossible qu'il en soit ainsi, si le volant n'est pas sur l'axe. Alors le pignon, instantanément immobilisé, reçoit des dents de la roue un énorme choc auquel les dents de part ou d'autre ne peuvent pas résister. De là une rupture à peu près inévitable.

De plus, le volant ne pouvant plus entraîner le pignon, est arraché lui-même de son axe, et projeté par-dessus ce pignon, par l'effet même du mouvement qu'il conserve, qui fait rouler la roue sur le pignon immobilisé.

Il y a malheureusement bien des exemples de volants ainsi entraînés, qui après avoir brisé la charpente et la toiture de l'usine, sont allés retomber fort loin.

Outre un accident grave, dont les suites peuvent être déplorables, l'usine subit des réparations longues et coûteuses, et doit supporter un chômage ruineux.

Pour parer, dans ce cas, au bris des engrenages, M. Henvaux, ancien directeur des forges de Couillet, a eu l'idée d'employer des dents de fer au lieu des dents en fonte et de les disposer d'ailleurs pour être remplacées facilement (1).

Cette idée nous paraît heureuse.

Cependant, nous croyons qu'il est mieux encore de transmettre par courroies, le mouvement de la machine aux cylindres quand on ne lui fait pas commander directement le train.

Il a été établi, à l'usine de Rachecourt (Haute-Marne), une courroie de ce genre qui commande avec succès, depuis quelques années, un train de petit fer de 80 chevaux.

Avec cette disposition, on n'a pas à craindre de ruptures, si l'ouvrier engage un paquet trop froid ou ses pinces. Les cylindres s'arrêtent et la courroie glisse.

Une autre disposition très-simple met à l'abri des accidents.

Elle consiste à supporter les paliers des tourillons des cylindres sur des barreaux de fonte épais, légèrement évidés au milieu sur leur face d'appui.

(1) Mémoire sur la construction des laminoirs, M. D. Henvaux, Paris, 1859.

Dans le travail ordinaire, ces barres supportent très-
bien l'effort de pression qui se développe entre les cylindres ; mais, s'il survient une pression tout à fait
exceptionnelle, elles se rompent, les coussinets n'étant
plus supportés, les cylindres s'écartent, et la pression
qui s'est produite n'a plus rien de dangereux. L'emploi de ces barreaux de fonte bruts, n'entraîne aucune dépense appréciable ; quand ils se cassent, on
les refond.

XVIII

Des forges catalanes et de la manière dont elles peuvent s'assimiler les progrès précédemment indiqués.

On emploie encore, particulièrement dans l'Ariége,
l'Aude et les Pyrénées-Orientales, pour traiter les minerais riches des Pyrénées, un procédé qui opère la con-
version immédiate des minerais en fer forgé. Il diffère
très-peu de celui par lequel, en Corse et en Italie, on
traite le minerai de l'île d'Elbe.

C'est le procédé primitif de l'extraction du fer de ses
minerais, tel qu'il s'est conservé dans beaucoup de
pays ; ainsi en Perse et dans l'Inde.

Ce procédé, à peu près exclusivement employé dans
les Pyrénées, est celui des forges dites catalanes ; disons
en quoi elles consistent.

Une forge catalane et son outillage tiennent entre les quatre murs d'un hangar.

On y trouve le creuset où le minerai est réduit et converti en fer soudable, le marteau destiné à comprimer pour l'épurer et la mettre en barres, la masse de fer sortie du feu ; et extérieurement, la roue du marteau et la machine soufflante appelée *trompe*.

Ces trompes ne donnent, en effet utile, que 1/10 de la chute d'eau. C'est un système qui se recommande seulement par sa simplicité et dont on ne conçoit l'usage que dans un pays très-accidenté, peu industrieux, où des chutes élevées et nombreuses offrent la puissance motrice avec profusion.

Abstraction faite des détails du montage du feu, et du système particulier de soufflerie qu'elle emploie, une usine de ce genre offre, au premier aperçu, une disposition très- analogue à celle d'un simple feu d'affinerie avec ses accessoires.

Voici en quoi consiste le travail (1).

Les minerais des forges catalanes sont assez purs pour n'avoir besoin d'aucun lavage. On les casse sous le marteau qu'on fait marcher lentement. On obtient ainsi le minerai pour les deux tiers environ en morceaux, et pour le reste en plus petits fragments et en poussières.

Le cassage du minerai s'opère au moment où on va sortir une loupe du feu.

_____

(1) Voir les mémoires de M. Marrot, *Annales des Mines*, 3ᵉ série, t. VIII, p. 461, et François, t. XII, p. 580.

Quand celle-ci a été enlevée, on nettoie le creuset en enlevant les scories qui adhèrent aux parois, et les charbons demeurés embrasés dans le foyer, et, si la tuyère est dérangée, on la replace.

Pour faire une nouvelle opération, on commence par rejeter dans le creuset, les charbons qui ont été sortis en vidant le foyer, on les couvre de charbon noir jusqu'à $0^m,05$ au-dessus de la tuyère, on presse le charbon vers le contrevent, qui est la face du foyer opposée à l'entrée de l'air, puis le fondeur prend une longue pelle de fer qu'il pose de champ sur le charbon, de manière à diviser le foyer en deux compartiments :

L'un, du côté de la tuyère, des deux tiers de sa largeur, et conséquemment de sa capacité qui reçoit le charbon.

L'autre, qui ne présente que le tiers de la largeur du creuset, et reçoit le minerai.

Le fondeur qui a soulevé sa pelle au fur et à mesure du chargement, la retire et couvre le charbon et le minerai d'une couche de fraisil humecté qu'il tasse fortement.

On donne le vent, faible d'abord, et successivement croissant jusqu'au coup de feu qui termine l'opération.

Au fur et à mesure du travail, on ajoute du charbon, on le tasse pour que le minerai conserve sa position. On jette par-dessus quelques pelletées de minerai fin, de telle sorte que le menu minerai soit aussi tout employé.

Environ une heure et demie après qu'on a commencé de donner le vent, un ouvrier à l'aide d'un ringard qu'il emploie à la façon d'un levier, pousse le minerai au centre du feu, manipulation qu'il renouvelle, jusqu'à ce que tout le minerai soit successivement descendu au fond du creuset, en temps opportun.

Après cinq heures de feu, on travaille dans le fourneau pour rassembler le fer, ce qui prend environ une heure, de sorte que cette opération n'est complète qu'après six heures ; on a alors achevé ce qu'on appelle un *feu*.

Les ouvriers se réunissent à ce moment, pour enlever du feu le massé à l'aide de leviers et de crochets ; et le faire rouler sur le sol de l'atelier jusqu'au marteau, en le battant à coups de masse sur le trajet.

La masse extraite est d'abord coupée en deux parties qu'on équarrit sous le marteau, puis chacune est chauffée à l'opération suivante, en la posant sur le charbon qui est contre la tuyère. On la divise alors en masses plus petites de 35 à 40 kilogrammes, dont on fait des barres plates.

La charge est habituellement de 500 kilogrammes de minerai. Il tient 50 pour 100 de fer. On en obtient en six heures 170 à 175 kilogrammes de fer, avec une consommation de charbon du même poids à peu près que le minerai employé, soit 480 kilogrammes. Le rendement du minerai n'est que de 34 à 35 pour 100.

Le travail journalier est de quatre feux en vingt-quatre heures. Il est arrêté le dimanche et éprouve divers autres chômages. Le travail annuel est ainsi de 1,000 feux ; et le produit d'une forge conséquemment de 1,700 à 1,750 quintaux métriques de fer.

Le personnel est de quatre ouvriers et de quatre manœuvres.

La création d'une forge catalane peut s'évaluer tout compté à 40,000 fr. environ pour un feu, mais une forge déjà existante s'obtient à un prix moindre.

Le fonds de roulement nécessaire est à peu près équivalent à la dépense totale de création d'une usine.

La méthode catalane, représentée encore en France par plus de cent feux dans les vallées des Pyrénées, est inférieure à celle qui donne successivement la fonte et le fer, au point de vue du rendement du minerai.

Elle donne moins de fer qu'on n'en obtient par l'affinage, malgré le grand déchet que cette opération ajoute au déchet du haut fourneau ; son infériorité sous ce rapport est plus marquée vis-à-vis du fer obtenu par puddlage, car le puddlage lui-même donne peu de déchet.

Son infériorité est plus grande encore par la dépense de charbon qu'elle exige. Et les perfectionnements récents de la métallurgie, en abaissant la consommation du combustible dans les fourneaux et les feux d'affinerie, sans que les foyers catalans aient réalisé d'améliorations correspondantes, ont rendu cette infériorité plus saillante.

Cependant, si, les minerais rendent peu eu égard à leur richesse, il n'est pas bien certain qu'on obtiendrait mieux des mêmes minerais, en les traitant au haut fourneau, et affinant la fonte après ; car on sait que les minerais très-riches se traitent mal au haut fourneau.

D'autre part, la création et le roulement d'un haut fourneau exigeraient quatre ou cinq fois le capital qui suffit pour une forge catalane, et s'il fallait y joindre les feux d'affineries correspondants, la mise de fonds pourrait presque se décupler. .

Ce serait donc, sans une complète certitude de succès, une modification considérable aux habitudes du pays.

D'ailleurs, il est possible que la nécessité de réunir sur un même point tout le charbon nécessaire à la fonte du minerai et à l'affinerie, se traduise en une surélévation sensible du prix du combustible.

Nous croyons en conséquence, non que le procédé ne comporte pas de progrès, mais qu'il vaut mieux le modifier, que le changer, principalement en y adaptant les principes d'économie de combustible qui ont profité aux feux d'affinerie.

Dans cet ordre d'idées, voici, pensons-nous, ce qu'on pourrait faire :

La première amélioration qui ait été appliquée aux

feux d'affinerie a consisté, comme nous l'avons dit, à les couvrir d'une voûte pour éviter la déperdition de la chaleur qui s'en dégage, et obtenir une économie de combustible correspondante. On a évalué cette économie à plus de 20 pour 100 du combustible employé.

De plus, on s'est mis sur la voie d'un autre avantage bien plus considérable, qui consiste à utiliser la température des gaz chauds qui se dégagent du feu, et à brûler les gaz combustibles dans des fours à la suite, pour obtenir le réchauffage du fer, le chauffage de l'air, ou une production de vapeur utilisable comme force motrice.

Mais cette amélioration si simple des feux, qui consiste à les couvrir, ne saurait s'appliquer aux feux catalans, à cause des soins particuliers qu'ils exigent actuellement pour placer le minerai et le charbon dans le feu, et tasser ce dernier.

D'autre part, dans les contrées où les minerais étaient un peu plus difficiles à réduire que ceux des Pyrénées, et d'ailleurs pour économiser le combustible, on a été amené à exhausser les fourneaux, à faire ce que l'on a appelé des stuckofen (fourneaux à masse).

Substituer des stuckofen aux feux catalans, pour obtenir une économie de combustible par cette substitution, et en ménager d'autres en les couvrant d'une voûte et brûlant les gaz combustibles, nous paraît la modification la plus utile et la plus féconde en résultats,

sans entraîner une modification trop radicale des forges catalanes.

Les stuckofen (qui sont maintenant en petit nombre
dans la Thuringe, et qu'on abandonne successivement
pour de petits hauts fourneaux) ont de 3 à 4 mètres
d'élévation, présentent un gueulard de $0^m,50$ à $0^m,60$
de largeur, dans le bas un diamètre de $1^m,00$ environ,
et intermédiairement, un ventre de $2^m,50$ (1).

Le minerai et le combustible sont chargés successivement par le gueulard ; la masse s'enlève, après douze
heures de travail, par l'ouverture des soufflets.

Avec une disposition de ce genre, rien n'empêche de
surmonter le gueulard d'une voûte qui, réverbérant la
chaleur dans le foyer, amène une économie de combustible.

Rien n'empêche non plus d'attirer les gaz qui se
dégagent entre la sole et la voûte d'un four à réverbère,
et de les utiliser soit au réchauffage du fer pour donner
aux barres la forme d'objets fabriqués ou ébauchés,
exigeant la qualité de fer des forges des Pyrénées, soit
au chauffage de l'air, qui ayant lieu sans dépense spéciale de combustible, se traduirait en une économie de
charbon dans le foyer ; soit à une production de va-

(1) On peut s'étonner que nous recommandions un procédé qu'on
abandonne là où il était employé. Au seul point de vue de l'art,
nous l'apprécions comme on l'apprécie ; mais il est important à
un autre point de vue, de pouvoir modifier les forges catalanes en
utilisant leur matériel, et sans dépasser l'emploi de fonds qu'elles
exigent.

peur, qui donnerait également sans dépense de combustible, la force nécessaire pour l'élaboration des
barres en produits spéciaux (ce pourquoi on pourrait
s'aider d'un marteau-pilon de petite dimension) ; soit
même à y obtenir tous ces résultats simultanément; car
on les obtient, ou on peut les obtenir des feux d'affi-
rie.

Si on sent bien la possibilité de recueillir ces avantages, comme sur les feux d'affinerie de la Haute-
Saône, de la Haute-Marne, de la Côte-d'Or et des
Vosges, il est plus difficile de fixer la valeur représen-
tative de ces flammes ainsi employées.

Nous croyons pouvoir assurer toutefois, qu'en joignant
l'avantage dû à la voûte qui surmonte le gueulard, à
celui de l'emploi de l'air chaud , et en évaluant le combustible qui serait nécessaire pour les usages calorifi-
ques obtenus de ces flammes perdues, afin de connaître la valeur de ces flammes ; on obtiendrait facilement
une économie totale représentant 30 à 35 pour 100 du
combustible journellement dépensé.

On a déjà essayé d'utiliser l'air chaud dans les foyers
catalans, et le résultat a été indécis.

Une observation importante doit être faite à cet égard.
C'est que si l'air est chauffé à 200° environ, il faut, par
un excédant de pression ou une augmentation de diamètre de la buse, corriger l'effet de diminution du
poids de l'air introduit dans le foyer, qui est la conséquence inévitable de l'échauffement de l'air.

D'où la nécessité, avec l'air chaud, de développer un effort au moins de moitié en sus de celui qu'exige la soufflerie à l'air froid.

Si la trompe ne peut pas donner cet excédant de force, il faut mettre sur la chute une roue à augets, et la faire agir sur une soufflerie à caisses en bois, ou mieux à cylindre de fonte. L'économie de force motrice réalisée par cette substitution, donnera largement la force motrice nécessaire.

Si on n'avait pas l'attention d'introduire dans le foyer un plus grand volume de l'air chauffé et par conséquent dilaté, le poids d'air employé à la combustion du charbon serait réduit d'un tiers au moins, sans que l'insuccès prouvât contre l'emploi de l'air chaud, mais seulement contre le défaut d'une attention indispensable dans la manière d'en faire usage.

L'établissement d'un four à réverbère destiné à utiliser les gaz combustibles, permettrait une amélioration importante du traitement des minerais de fer des Pyrénées.

Autrefois on grillait ces minerais avant l'emploi, puis on y a renoncé par économie, pensant que ce grillage se fait de lui-même dans le feu catalan.

Il s'y produit en effet, mais évidemment aux dépens du combustible, de sorte que l'économie réelle à ne pas griller, n'est qu'une économie de main-d'œuvre.

Le combustible qu'on employait autrefois pour le

grillage n'est pas à proprement parler une dépense sup-
primée.

Du moment qu'on pourrait faire ce grillage avec
les flammes perdues, il y aurait tout avantage à en
agir ainsi, puisqu'on sécherait le minerai, qu'on lui
enlèverait par calcination plus de 10 pour 100 d'eau de
combinaison, qu'on commencerait à le préparer enfin,
en l'amenant à un état poreux favorable à sa réduction.

Il conviendrait, dans ce cas, que le minerai grillé sur
une sole, pût être repoussé immédiatement de cette sole
dans le gueulard du stuckofen. Cela aurait lieu très-
simplement, si les flammes perdues n'étaient employées
qu'au grillage du minerai.

Mais si on voulait aussi réchauffer le fer, il faudrait
faire circuler les flammes autour du gueulard, de manière que le fer à réchauffer en reçût la première impression, et que néanmoins le compartiment du grillage
fût contigu au gueulard, et pût être ouvert de ce côté
pour la facilité du chargement du minerai.

Au lieu d'employer du charbon de bois, on pourrait
charger au stuckofen, dans une certaine proportion, du
bois vert, ou desséché ou torréfié ; car ces combustibles,
pour le même effet calorifique produit, sont plus avantageux que le charbon, quand on peut les obtenir près
de l'usine, à une petite ou à une moyenne distance.

Il ne convient tout au plus d'employer de charbon,
que lorsque les transports à faire des forêts sont excep-

tionnellement longs et difficiles, et conséquemment coûteux.

Cette question de la substitution du bois plus ou moins préparé au charbon, est ici la même que pour les hauts fourneaux.

Nous engageons le lecteur, pour plus de détails, à se reporter à ce que nous avons dit précédemment à ce sujet.

L'économie à obtenir ainsi, variable d'un feu catalan à un autre, n'est pas moindre en moyenne de 20 à 25 pour 100 de la valeur du combustible employé ; et cela, tout en tenant compte de l'excédant des frais de transport qu'entraîne l'emploi du bois.

On sait que les masses de fer obtenues des feux catalans présentent de l'acier principalement à la surface, que cet acier se mêle au fer dans le cinglage et l'étirage, et qu'on obtient toujours quelques barres de fer particulièrement aciéreuses.

Nous croyons qu'en découpant ces barres, et les retraitant à part dans un foyer spécial au charbon de bois, on pourrait avoir de l'acier fondu ou de l'acier de forge, que cette expérience serait très-intéressante à tenter, parce qu'en cas de succès, cette pratique serait incontestablement avantageuse.

On pourrait d'ailleurs, en vue de cette opération, chercher à augmenter la production de l'acier.

Les conditions qui facilitent cette production sont : le grillage préalable du minerai ; l'emploi de charbons

6

durs et d'une quantité de combustible plus forte ; la
recherche de minerais purs et surtout manganésifères ;
une conduite de l'opération qui maintienne une chaleur très-élevée et rende les scories très-fluides.

XIX

Procédés métallurgiques nouveaux. — Ils s'appliquent particulièrement à la production de l'acier.

Les procédés métallurgiques nouveaux, ceux qui
tentent d'employer de nouveaux principes, portent
presque tous sur la fabrication de l'acier.

On comprend facilement que l'acier étant un produit fin, d'un prix élevé, les inventeurs soient plus à
l'aise pour employer les méthodes nouvelles, se trouvant moins resserrés par les conditions de prix de
revient, que lorsqu'il s'agit de la fonte ou du fer.

Pour la fonte et le fer, les procédés actuels sont le
résultat d'améliorations successives très-lentes, universellement adoptées, et qui se sont toujours pro-
duites dans le même sens.

On concevrait difficilement qu'une innovation radicale pût avoir des chances sérieuses de succès.

Rappelons en preuve de cette assertion, les principaux traits de l'histoire de la fabrication de la fonte

et du fer, qu'on trouve en détail dans les traités spéciaux.

Agricola est le premier auteur qui ait écrit sur la
métallurgie, et il n'y consacre que quelques lignes.
Dans un ouvrage sur les mines, de 1546, il fait connaître que les minerais les plus fusibles étaient traités
dans des feux analogues aux feux catalans, tels qu'on
les emploie encore maintenant ; que les minerais
moins fusibles étaient traités dans des fourneaux de
3 pieds de haut sur 5 de large ; et ceux qui étaient plus
difficiles à fondre, dans des fourneaux plus élevés ;
que dans quelques-uns de ceux-ci, le produit du travail, au lieu d'être porté immédiatement sous le marteau, était fondu de nouveau pour être épuré et cinglé
ensuite ; que le soufflage s'opérait par des soufflets à
main.

Agricola paraît avoir peu connu ce qu'on faisait de
son temps, et ces quelques lignes sont plus curieuses
comme monument historique, que vraiment intéres-
santes au point de vue de l'art des forges à cette époque.

Les fourneaux à l'origine, affectaient la forme d'un
cône tronqué. C'est ainsi qu'employés en Styrie dès
le huitième siècle, ils se sont successivement répandus
en Allemagne, en Alsace, en Bourgogne, puis plus
tard en Saxe, en Bohême et en Suède.

Plus tard encore dans les Pays-Bas, sur les bords
du Rhin, on doubla leur hauteur, et on les composa de
deux cônes tronqués adossés par leur grande base.

Le foyer en bas avait 1 mètre de diamètre environ, l'ouverture supérieure ou gueulard 0ᵐ,50 et le ventre 2ᵐ,50 de diamètre ; la hauteur était de 2 mètres.

Le produit était de nature variable. C'était tantôt du fer, tantôt de l'acier.

Il se perdait beaucoup de fer, par les scories qui étaient riches.

Le second foyer est l'origine du foyer d'affinerie. Son usage est bien ancien, car on a trouvé dans les ruines de Sparte, outre des laitiers analogues aux laitiers des hauts fourneaux, des scories semblables à celles de nos feux d'affinerie, provenant sans doute d'un foyer séparé.

La production de la fonte est aussi ancienne que celle de l'emploi de deux foyers. Ce n'est cependant qu'au douzième ou treizième siècle qu'on a commencé à l'employer dans les Pays-Bas, et en Alsace, où les premières fabrications de fonte furent des poêles ; l'origine de cette industrie remonte au quinzième siècle.

Les fourneaux uniquement destinés à fondre le minerai (*flussofen*), différaient de ceux qui donnaient immédiatement la masse de fer (stuckofen), en ce que le foyer était plus étréci, en ce que les charges de minerai étaient moindres, stratifiées plus régulièrement avec les charges de charbon, en ce que la tuyère, au lieu de plonger, soufflait horizontalement. Comme résultat la perte de métal était beaucoup moindre.

Le produit de la fusion pouvant être coulé, on obtint

la continuité du travail ; tandis qu'il fallait l'inter-
rompre pour sortir la masse de fer du stuckofen.

On vit ensuite que la consommation du charbon
était d'autant moindre, et les produits d'autant plus
liquides, que l'appareil était plus élevé.

En élevant successivement les flussofen, on en vint
aux fourneaux actuels ; mais les soufflets de cuir devinrent insuffisants.

En 1620, un évêque de Bamberg en Bohême les
remplaça par des soufflets de bois, et quelques années
après on imagina en Italie les trompes qu'emploient
encore les forges catalanes.

C'est lors de la substitution des hauts fourneaux aux
flussofen, qu'on fit rectangulaires les creusets circu-
laires jusque-là, disposition plus commode pour le net-
toyage et la coulée de la fonte.

La partie supérieure du creuset fut construite en
matériaux réfractaires, et étrécie, pour y développer
plus facilement la haute température dont on avait
besoin.

En 1650, des ouvriers originaires de Liége et de
Namur, construisirent en Suède des hauts fourneaux
de 8 à 9 mètres, dans lesquels les laitiers s'écoulaient
par-dessus la dame. Ce changement leur procura de la
fonte grise qu'on n'obtenait pas ordinairement.

En 1778 se place un autre progrès saillant, celui
de l'emploi des machines soufflantes à pistons, qui
venant d'Angleterre s'est introduit en France, en Al-

lemagne et en Russie à la fin du dix-huitième siècle, et après lequel les machines en fonte furent bientôt employées.

Un dernier progrès considérable restait à faire en vue surtout d'abaisser le prix de la fonte et du fer, celui de l'emploi de la houille.

L'Angleterre, que la situation et l'étendue de ses bassins houillers intéressaient particulièrement à ce progrès, le réalisa après beaucoup de temps et d'efforts.

Vers le commencement du dix-septième siècle, Sturtevant inventa le procédé de la fabrication du fer avec la houille. Cette découverte parut tellement intéressante, que le roi Jacques lui accorda un privilège exclusif pendant trente-un ans, à condition qu'il publierait ses découvertes. Il ne réussit pas, fut obligé de rendre son monopole, et publia ses procédés dans son *Metallica* de 1613.

Revenson lui succéda, obtint aussi une patente, puis plusieurs autres inventeurs; toujours avec aussi peu de succès.

Ce ne fut qu'en 1619, que le procédé commença à réussir entre les mains de Duddley, dans les forges de Pensent, dans le comté de Worcester. Ce procédé fut jugé si important, que sa patente fut réduite de 31 ans à 14, par l'influence des fabricants du royaume qui devinrent ses ennemis acharnés.

Cependant, les guerres civiles détruisirent les espérances de Duddley, et firent tomber ses procédés dans

l'oubli jusqu'en 1740, où les premières applications
de la machine à vapeur permirent de reprendre cette
idée, et vinrent en faciliter la solution définitive.

Mais, c'était peu pour l'Angleterre d'obtenir la
fonte avec la houille, si elle ne réussissait à produire
le fer avec le même combustible.

Cort et Partnell vinrent la doter du nouveau procédé
qu'elle désirait.

En 1784 et 1787, ils furent brevetés pour l'emploi
des fours à puddler.

Leurs premiers essais ne furent pas heureux, et ils
ne réussirent après, qu'en employant, préalablement au
puddlage, des feux de finerie pour préparer la fonte.

Quand on envisage dans son ensemble la continuité
des efforts et la lenteur des résultats, dans la succes-
sion des découvertes qui ont été nécessaires pour cons-
tituer la métallurgie actuelle, on se convainc, que
par la nature même des questions, les progrès sont
difficiles, et les résultats importants ; qu'une fois bien
constatés, de quelque côté qu'ils se produisent, ils sont
un peu plus tôt, un peu plus tard, adoptés par toute
l'Europe.

Mais, si ceci est vrai pour la production de la fonte
et du fer, s'il y a là de quoi faire réfléchir les inventeurs ; en ce qui concerne la production de l'acier, on
observe plus de variété dans les procédés, et plus de
latitude pour y obtenir des améliorations utiles. C'est
que si la fabrication de l'acier demande plus de

soin, le produit obtenu a un prix plus rémunérateur.

Aussi, tandis que dans ces dernières années la production de la fonte et celle du fer n'ont donné lieu à aucune invention vraiment originale, la production de l'acier en a fait naître plusieurs.

Nous allons rappeler et apprécier autant qu'il nous sera possible, deux de ces procédés, celui de M. Chenot et celui de M. Bessemer.

Un troisième procédé, celui de la production de l'acier par le puddlage, a aussi fixé l'attention.

Nous nous bornerons à dire qu'il comporte l'emploi de fours à puddler perfectionnés, à courant d'air ou à courant d'eau, une opération prolongée, l'emploi d'une haute température, l'addition à la fonte d'oxyde de manganèse dans la proportion de 1 à 2 pour 100, seul, ou mêlé pour une partie de sel marin, le remplaçant dans la proportion de 2 à 3 parties de sel pour une partie en poids d'oxyde de manganèse ; que l'emploi de fontes pures est nécessaire, et l'emploi de fontes manganésifères préférable, celles-ci dispensant avec avantage de faire aucune addition, parce qu'elles contiennent le manganèse à l'état métallique.

Dans ces conditions, on comprend que l'acier obtenu soit d'un prix élevé, malgré l'emploi du four à puddler : le produit obtenu est d'ailleurs de nature très-variable, et n'a la qualité voulue que partiellement, quand on l'obtient en effet.

XX

Procédé de M. Chenot pour la fabrication de l'acier.

M. A. Chenot a imaginé pour obtenir l'acier un ensemble d'opérations qui sollicite l'attention par son originalité, d'autant plus que son procédé, s'il n'a pas été pratiqué en grand, comme importance de fabrication, a été néanmoins réalisé industriellement (1).

On obtient au moyen de ce procédé l'acier fondu par quatre opérations successives :

1º La réduction qui s'opère sur le minerai dans un fourneau de 13 mètres de hauteur, à chauffes extérieures, lesquelles sont de 7 mètres en contre-bas du gueulard.

Quand le minerai arrive devant les chauffes, il est à peine rouge cerise, et néanmoins le fer est réduit. Il forme une sorte d'éponge, analogue à l'éponge de platine.

Continuant de descendre, cette éponge se refroidit lentement ; et au défournement, elle est à peu près à la température ordinaire.

(1) Voir sur cet objet le rapport du Jury mixte international sur l'exposition de 1855.

Si cette éponge était défournée chaude, ou si l'air pénétrait dans le four, elle brûlerait.

2° La cémentation. Pour cémenter l'éponge que fournit la réduction, on la plonge dans un bain de résine, de goudron, ou d'une autre matière grasse, d'ailleurs suffisamment fluide pour l'imbiber complétement ; on calcine pour chasser l'excès de matière grasse, et on fait une seconde cémentation, si la première ne suffit pas.

3° Le broyage et la compression de l'éponge dans des moules, opération nécessitée par le grand volume de la matière qu'il convient de réduire, et qui d'ailleurs diminue beaucoup son oxydabilité.

4° Enfin, la fusion de cette matière concassée par petits fragments, qui se fait dans des creusets, comme on opère pour obtenir l'acier fondu.

A la coulée, on observe toutefois cette différence avec celle de l'acier fondu ordinaire, que le laitier est plus abondant et plus fluide.

Il est plus abondant parce qu'il contient les impuretés du minerai ; et s'il est trop fluide pour être enlevé facilement, on le coagule en y ajoutant un peu de sable.

M. Chenot, en ne fondant pas l'éponge de fer, s'est proposé d'éviter la dépense de combustible inhérente à cette fusion, et celle de la machine soufflante, mais nous doutons que le broyage et la compression de l'éponge ne coûtent pas plus. La réduction elle-même doit être plus coûteuse qu'elle n'est en réalité dans un haut fourneau. Ajoutons que l'emploi des corps gras pour cémenter n'est pas économique.

Enfin, nous ne croyons pas que le procédé de M. Chenot puisse réussir avec des minerais ordinaires. Et, avec les minerais de choix qu'il est obligé d'employer, on peut présumer qu'on obtiendrait de l'acier, par un des procédés connus, de même qualité à un prix de revient au moins équivalent, sinon plus avantageux.

Son procédé nous paraît plus ingénieux qu'utile. Cependant, il est bon que des tentatives de ce genre soient faites. Elles signalent souvent le danger de s'écarter des voies battues. Ce danger est très-grand, s'il s'agit de fabriquer de la fonte ou du fer ; mais il est beaucoup moindre quand on a en vue d'obtenir l'acier, produit plus fin et d'un prix plus élevé.

XXI

Procédé de M. Bessemer.

Le procédé de M. Bessemer pour obtenir l'acier ou le fer, est tellement en dehors des voies ordinaires et d'une originalité si marquée, que lorsqu'il fit connaître sa nouvelle méthode d'affinage de la fonte en 1856, à

l'Association britannique réunie à Cheltenham, elle fut
accueillie par l'incrédulité. Elle fut si prononcée, que
trois ans après M. Bessemer en retrouva des traces,
lorsque le 24 mai 1859, il fit connaître son procédé et
ses résultats, même avec de nombreux échantillons de
fer et d'acier à l'appui, à l'Association des ingénieurs
civils de Londres (1).

Dans toutes les méthodes d'affinage connues, la fonte
est maintenue à une très-haute température par un
foyer chargé de combustible. Le courant d'air naturel
ou forcé qui produit l'affinage, en oxydant le fer de la
fonte, le brûle ; et conséquemment, le fer lui-même agit
en partie dans cette opération, pour déterminer en
s'oxydant, la haute température qu'elle exige.

L'originalité de l'idée de M. Bessemer a été d'employer de la fonte chaude, et de maintenir, même d'exhausser encore sa température, sans brûler de matières
charbonneuses, mais en développant une haute température par le fait seul d'une oxydation énergique du
fer.

A l'origine, M. Bessemer employa une sorte de petit
cubilot à plusieurs tuyères, où la fonte était versée
chaude, et soumise à l'impression d'un courant d'air
très-violent.

Actuellement, il emploie une sorte de grande cornue

(1) Voir le mémoire de M. Gruner, *Annales des Mines*, t. XVIII,
1860.

en forte tôle ou en fonte, garnie intérieurement d'un pisé réfractaire.

Cette cornue est supportée par deux tourillons et peut être, à l'aide d'une manivelle, renversée à droite ou à gauche.

L'air vient par les tourillons mêmes, pour ne pas gêner les mouvements de l'appareil.

Les tuyères sont verticales et placées dans la sole même du four.

Celui-ci n'a qu'une ouverture supérieure qui sert pour l'introduction de la fonte, la coulée de l'acier, et aussi pour l'échappement des gaz que dégage l'opération.

On construit à Saint-Seurin (Gironde), chez MM. Jackson, pour des charges de 500 à 1,000 kilogrammes de fonte, des appareils qui auront jusqu'à 25 tuyères de $0^m,006$ de diamètre.

L'air injecté aura 2 1/2 atmosphères de pression.

La hauteur du bain métallique dans ces grands appareils, doit être de $0^m,50$ et opposer une résistance d'un tiers d'atmosphère à l'entrée du vent.

La fonte est prise à un haut fourneau ou à un cubilot.

Quand on veut se servir de la cornue, on la chauffe préalablement à une chaleur rouge prononcée.

Pour cela, on la remplit de coke, et on fait agir le vent, une heure environ.

Au moment de couler la fonte, on renverse l'appa-

reil pour le vider. On le nettoie exactement des résidus
du coke.

Quand la charge est faite, on relève la cornue et on
donne le vent aussitôt, pour empêcher la fonte de couler
dans les tuyères.

Le métal traversé par 25 jets d'air est fortement re-
mué, des fragments de scories et des globules de fer
sont lancés en pluie de feu hors de la cornue.

La durée d'une opération varie entre 10 et 25 mi-
nutes, elle est généralement moindre pour obtenir
l'acier que le fer. Le déchet de 12 à 15 pour 100 pour
l'acier, va jusqu'à 20 et 22 pour le fer.

Lorsqu'on est arrivé au point voulu, acier ou fer, on
incline la cornue, on arrête le vent, et on fait couler les
produits dans une lingotière, quelquefois dans une
poche de fonderie qu'on vide elle-même pour former
des lingots.

Quand la cornue est vide, on la recharge sans la
laisser refroidir, pour utiliser sa température.

Les lingots de fer sont martelés ou laminés comme à
l'ordinaire, et les plus grosses pièces de fer, contrairement à la pratique usuelle, s'obtiennent directement
par voie de fusion sans corroyage.

Un martelage est toujours nécessaire pour accroître
la densité et la ténacité du métal. L'expérience a prouvé
que cette ténacité, mesurée par la charge de rupture,
s'accroît, par le martelage, de moitié en sus de la résistance des barres non martelées.

Les mêmes expériences ont fait ressortir que la ténacité de l'acier est plus que double de celle du fer, quand
l'un et l'autre ont été martelés.

Quand on considère la rapidité de l'opération, l'absence de consommation de combustible (hors le chauffage de l'appareil qui sert à plusieurs opérations), que
la production du vent, quoiqu'elle exige des machines
puissantes, peut se faire économiquement à l'aide de la
vapeur ; quand enfin, on remarque que le déchet du
fer, qui est le combustible réel de l'opération, n'est pas
très-considérable, surtout pour l'acier ; on est tenté
d'attribuer à ce procédé un avantage marqué de prix de
revient sur l'acier, et même sur le fer obtenu.

Mais on sait que les prévisions de ce genre sont su-
jettes à de singulières déceptions ; et vis-à-vis de l'emploi de moyens de fabrication aussi exceptionnels, il est
prudent d'attendre ce que l'expérience décidera, sans
rien préjuger.

Ajoutons, que les premiers résultats de revient bien
constatés, ne seront pas définitifs ; car sur un terrain
aussi nouveau, on trouvera à l'origine des progrès à réaliser sous tous rapports.

S'il ne nous paraît pas possible d'apprécier actuellement ce procédé, nous croyons néanmoins intéressant
d'ajouter quelques mots, sur les conditions si exception-
nelles qui en font l'originalité.

L'économie du combustible ne nous en paraît pas
le fait le plus saillant; contre-balancée qu'elle est en

grande partie, par un excès du déchet sur la matière première, qui est le combustible réel ; mais l'emploi d'un soufflage puissant susceptible de donner un résultat rapide, de bien purifier les fontes et de leur donner un brassage très-énergique, sans intervention du travail manuel de l'ouvrier, mérite une attention exceptionnelle.

Aux hautes températures où se produit l'acier, l'intervention du travail manuel est toujours très-fatigante, c'est un bienfait de la réduire. D'ailleurs le brassage opéré par l'insufflation de l'air, l'est en réalité par l'action de la vapeur. Outre que la substitution de la force de la vapeur à celle de l'homme est ici conseillée par l'humanité, elle fait espérer, comme partout, un avantage économique important.

Jusqu'ici la vapeur n'était intervenue, dans les forges, que comme moteur des appareils de compression ; en réalité, par le procédé de M. Bessemer, elle intervient dans l'opération métallurgique même.

On doit remarquer à part ces grosses pièces de fer coulé, obtenues par M. Bessemer, sans forgeage, ni corroyage. Ce résultat n'est pas tellement lié à son procédé, que nos forges ne puissent se l'assimiler, à l'aide d'une modification de leur matériel.

XXII

Observations sur la nature de l'acier et les recherches nouvelles de M. Frémy.

Quand on se propose d'apprécier ou de rechercher de nouveaux procédés pour obtenir l'acier, l'attention est naturellement reportée sur le problème de sa véritable nature, question épineuse qui attend encore une solution complète, et sur laquelle les recherches d'un chimiste éminent, M. Frémy, de l'Académie des sciences, ont récemment appelé l'attention.

On a avancé à plusieurs reprises, avant M. Frémy, que la fonte et l'acier renferment une petite quantité d'azote.

Suivant M. Frémy, cet azote serait un élément essentiel de l'acier, il en serait constitutif, en ce sens qu'on ne rencontrerait d'acier sans azote que par exception ; et que, dans ce cas, l'azote serait remplacé par un corps chimiquement analogue : M. Frémy cite le phosphore.

Résumant lui-même le point essentiel de sa découverte, il dit (1) :

« L'acier n'est pas comme on le croit généralement un carbure de fer, c'est un fer azoto-carburé. »

Nous ne nous proposons pas de controverser les opi-

(1) *Comptes rendus de l'Académie des sciences,* 20 mai 1861, p. 998.

7

nions nouvelles de M. Frémy. Cependant, ce chimiste
occupe dans la science une situation trop élevée, ses
assertions toutes nouvelles, ont trop appelé l'attention,
pour que, dans le sujet qui nous occupe, nous ne disions
pas quels doutes ses opinions nous laissent ; et pourquoi
nous ne les prenons pas pour point de départ.

Tandis que, suivant M. Frémy et ses devanciers, la
fonte et l'acier contiennent un peu d'azote, suivant
M. Boussingault, il en existerait dans le fer aussi bien
que dans la fonte et l'acier (1).

Ainsi, la présence de l'azote donnerait au fer des
qualités aciéreuses, par l'excès de proportion suivant
lequel il serait combiné dans l'acier, relativement au
fer.

Mais, s'il s'agit de constater la proportion d'azote qui
existe dans le fer et celle qui existe dans l'acier, de l'aveu
même de M. Frémy, un mode de dosage rigoureux de
l'azote n'est pas encore trouvé (2).

Le procédé que ce dosage comporte est si peu certain, qu'il indique parfois dans le fer une proportion
d'azote double de celle qu'on trouve dans l'acier.

M. Frémy répond à cela que si l'azote n'est pas déterminé quantitativement, il n'en est pas moins vrai qu'il
existe dans l'acier ; mais comme sa proportion serait en
tous cas de 5 à 6 dix-millièmes, que sa propriété acié-
rante n'étant due qu'à l'excès d'azote de l'acier sur le

(1) *Comptes rendus de l'Académie des sciences*, 20 mai 1861, p. 1008.
(2) *Ibid.*, 17 juin 1861, p. 1251.

fer, et le fer en contenant vraisemblablement lui-même 1 dix-millième au moins, il en résulterait que les propriétés aciérantes seraient dues à 5 dix-millièmes d'azote environ.

La simple énonciation de ce fait nous paraît, par elle seule, susceptible de soulever bien des doutes.

Et, en effet, lorsqu'avant d'attribuer la propriété aciéreuse à l'azote, on l'attribuait au carbone, on objectait avec raison, la faible proportion de cet élément pour déterminer des différences aussi caractérisées entre l'acier et le fer. Cependant, il s'agissait alors de plusieurs millièmes de carbone, c'est-à-dire d'une proportion dix fois plus forte.

Il semble d'ailleurs résulter des recherches de divers chimistes, ainsi de MM. Faraday et Stodart, que l'acier peut exister sans carbone (1).

M. Frémy admet aussi que l'acier peut exister sans azote, pourvu qu'il soit remplacé par une substance chimiquement analogue, ainsi le phosphore.

Il est bien singulier de voir citer ce corps très-connu pour gâter le fer, s'il s'y trouve seulement à la proportion de 7 dix-millièmes, et qui alors altère sa ténacité, comme lui communiquant la propriété aciéreuse.

Nous nous refusons absolument à croire fondée à cet égard l'opinion de M. Frémy.

Le compte rendu que cet académicien a donné lui-

(1) *Comptes rendus*, etc., 11 mars 1861, p. 424.

même de ses expériences soulève encore une autre objection.

En preuve que l'acier contient de l'azote, M. Frémy dit (1) qu'en chauffant dans l'hydrogène l'acier qu'il avait préparé, il a dégagé pendant toute la durée de l'expérience des quantités considérables d'ammoniaque.

Mais l'acier, comme on vient de voir, ne peut contenir qu'une quantité presque insignifiante d'azote. L'ammoniaque dégagée ne peut être qu'à proportion, et si l'acier préparé et essayé par M. Frémy a dégagé en effet pendant toute l'opération des quantités considérables d'ammoniaque, était-ce bien de l'acier? Quand M. Frémy a opéré sur les aciers industriels de France, d'Angleterre ou d'Allemagne, leur limaille n'a dégagé que des quantités très-notables d'ammoniaque.

Ajoutons que M. Frémy considère l'acier en quelque sorte comme un produit chimique, tenant ses qualités uniquement de sa composition, qu'il en oppose une à celle qui était généralement admise; mais que telle n'est pas la véritable nature de l'acier qui est un produit d'art.

Il s'obtient très-diversement :

Les plus anciens procédés pour obtenir le fer l'ont produit de toute antiquité accidentellement, comme le produisent journellement nos forges catalanes.

On l'obtient par l'affinage du fer, ainsi en Styrie et en Carinthie, et en France dans l'Isère.

(1) *Comptes rendus*, etc. 11 mars 1861, p. 420.

En Carinthie particulièrement on pratique pour l'obtenir deux opérations : on fond la fonte dans un premier foyer analogue aux affineries ; on la fige à la surface en jetant de l'eau dessus, on enlève la plaque solidifiée, et on jette de l'eau pour en enlever une seconde, et ainsi de suite.

Les plaques sont refondues dans un nouveau feu et martelées. Tel est l'acier de forge.

On obtient l'acier d'une troisième manière, en chauffant fortement le fer forgé au contact du charbon·de bois en poussière. C'est l'acier de cémentation.

Enfin, comme cet acier de cémentation se prête moins que l'acier de forge au corroyage et à l'étirage, on le fond dans des creusets, et on obtient ainsi l'acier fondu, dont la ténacité augmente beaucoup par un martelage énergique.

Je suppose qu'un métallurgiste se soit rendu compte, en parcourant les différents centres de production de l'acier, des détails des fabrications diverses qui permettent de l'obtenir, et qu'on lui demandât ce qu'est l'acier, et ce qui en fait la qualité, il répondrait assurément, que l'acier est un produit d'art ; qu'il en existe de plusieurs sortes, qui tiennent leur qualité de leur origine et du procédé employé pour les obtenir ; que les aciers doivent leur bonne nature aux soins de détail dans la fabrication, appropriés aux méthodes qui les fournissent ; que si, on venait lui dire, que ces méthodes diverses n'ont pour but que d'assimiler au fer une

très-minime proportion d'azote, et que c'est dans la pré-
cision de cette combinaison, que gît la qualité de l'acier,
on l'étonnerait beaucoup.

On nous excusera de partager quelque peu son éton-
nement.

Les opinions sur la nature de l'acier que les travaux
récents de M. Frémy mettent en doute, ont leur origine
dans un mémoire célèbre sur les états métalliques du
fer, par Monge, Berthollet et Vandermonde, inséré dans
l'histoire de l'Académie pour 1786.

Croyant, en ce qui nous concerne, les opinions ré-
gnantes sur l'acier plus approchantes de la vérité que
les nouvelles vues de M. Frémy, nous retournerons
pour éclairer la question, jusqu'à ce mémoire, qui jeta
sur le sujet une vive lumière, et fut, à son apparition,
accueilli avec une extrême faveur par tous les savants
de l'Europe.

Suivant ce mémoire, la fonte est un régule dont la
réduction est incomplète, c'est-à-dire qui conserve un
peu d'oxyde de fer. De plus elle contient un peu de
charbon qu'elle a absorbé en nature ; et c'est à la quantité de charbon qu'elle tient, qu'elle doit d'être grise, ou
noire, ou blanche quand elle en contient moins.

Le fer forgé est le métal parfaitement réduit, altéré
cependant par une faible dose de charbon, dont il est
impossible de le dépouiller exactement.

L'acier contient de plus que le fer une petite quantité
de charbon, moindre que celle de la fonte, et qu'il a ab-

sorbée dans la cémentation, si on l'a en effet obtenu du
du fer en le cémentant.

Remarquons d'abord dans ce simple énoncé, que les
auteurs du mémoire de 1786 constatent la composition
de la fonte, du fer et de l'acier ; mais ne définissent pas
ces substances par leur composition.

Ainsi, quand plus récemment des chimistes, s'ap-
puyant sur leurs travaux, ont dit que l'acier était un
carbure de fer, ils ont dénaturé l'expression de leur
opinion. Il est tellement vrai, suivant les auteurs du
mémoire de 1786, qu'ils n'attribuaient pas la qualité du
fer dans ses états métalliques, à la composition chimique, qu'ils s'arrêtent avec détails sur l'influence du
mode de préparation du fer, soit dans les opérations
métallurgiques proprement dites, soit dans le travail
mécanique qu'on lui fait subir.

D'ailleurs, quand le mémoire sur les états métalliques
du fer parut, l'oxygène était connu depuis quelques années ; Lavoisier venait de faire une véritable révolution
dans la chimie, en renversant la théorie du phlogistique.

Les auteurs de ce mémoire envisageaient si peu la
question à un point de vue exclusivement chimique,
que de pareils changements dans la science ne leur
parurent modifier la question, étudiée immédiatement
avant eux par Bergmann, qu'au point de vue de l'expression de leurs idées.

C'est dans ce sens qu'ils disent :

« La théorie du phlogistique ne pouvant plus subsister avec les dernières découvertes sur la calcination des métaux, et sur la décomposition et la recomposition de l'eau, les conséquences que M. Bergmann a tirées de ses nombreuses expériences, doivent être *au moins énoncées en d'autres termes*. »

Nous pensons donc que la fonte, le fer et l'acier ne sauraient être définis exclusivement par leur composition chimique, qui n'est, à proprement parler, qu'une propriété d'une de ces substances d'une provenance déterminée, variable avec les détails du travail qui la donnent ; qu'en particulier l'acier n'est ni un carbure ni un azotocarbure de fer. Toutefois, la question de la présence ou de l'absence de l'azote dans la fonte, le fer et l'acier est une question tellement délicate, que nous laissons pour notre part aux chimistes à éclairer ce sujet ; nous disons seulement, que si l'azote y existe, c'est en trop faible proportion pour avoir une influence sensible sur leurs qualités usuelles, et en particulier pour être constitutif de l'acier.

Ainsi tous les chimistes savent, nous répétons ici ce qu'a dit lui-même M. Frémy, que les fontes du commerce contiennent 95 pour 100 de fer et 5 pour 100 de corps divers.

On a signalé : le carbone, le silicium, le phosphore, l'arsenic, le soufre, le potassium, le sodium, le calcium, l'aluminium, le magnésium, le manganèse, le chrôme, le titane, le vanadium, le cuivre, etc. (1).

(1) *Comptes rendus de l'Académie des sciences* pour 1861, p. 1002.

Qu'il faille ou non insérer l'azote dans la liste, c'est un fait qui a de l'intérêt, mais un intérêt restreint.

La question a été examinée, sinon résolue, il y a quelques années; et on ne voit pas pourquoi l'azote, entre tous ces corps, aurait, suivant M. Frémy, cette singulière propriété, d'être, plus que les autres, constitutif de l'acier, qui les conserve tous quand ils existent dans la fonte; sinon en quantités notables, au moins en très-minimes proportions.

Les circonstances de la métallurgie du fer sont de nature à vivement engager à perfectionner, au point de vue de l'abaissement du prix de revient, les procédés qui donnent l'acier.

Tel est le motif qui a donné tant d'intérêt aux travaux de M. Frémy, qui devaient très-naturellement exciter l'attention, soit qu'on admît les résultats de ses recherches, soit qu'ils laissassent des doutes.

Immédiatement susceptibles de fixer l'attention des praticiens, et de prendre place dans la lutte industrielle que suscitent les traités de commerce, ses recherches appelaient un examen sévère, par les motifs mêmes qui leur donnent une valeur exceptionnelle.

Que les idées de M. Frémy se trouvent confirmées en totalité ou seulement en partie, la tendance de ses recherches scientifiques, susceptibles d'être immédiatement utilisées, est par cela seul, digne d'éloges.

Que M. Frémy complète son travail, en indiquant, suivant ses nouvelles vues, les modifications utiles à

introduire dans la fabrication des aciers, que ses indications acceptées rendent immédiatement service à l'industrie française, et se présentent à la fois, dans une
pratique incontestable, comme la conséquence et la
preuve de ses vues, et malgré les doutes que nous
émettons aujourd'hui, nous serons volontiers des premiers à applaudir à ses intéressants travaux.

XXIII

Dans quel sens les idées actuelles sur les états métalliques du fer paraissent devoir être modifiées.

Si nous avons opposé aux idées nouvelles de M. Frémy les idées des célèbres auteurs des mémoires de
1786 sur la fonte, le fer et l'acier, ce n'est pas que
nous croyions que ces idées soient complétement
exactes, rendent compte de tous les effets observés, et
puissent toujours, sur ce difficile sujet, guider sûrement
dans la pratique des procédés industriels.

Toutefois, nous croyons que si ces idées sont susceptibles d'être réformées en quelques points, ce ne doit
être qu'avec prudence et mesure, comme en ont agi
eux-mêmes les auteurs du mémoire, vis-à-vis de Bergmann, leur devancier.

De même que, sous l'empire de la nécessité, les

hommes ont appris à obtenir l'acier et le fer de toute antiquité, et la fonte d'une manière régulière depuis cinq siècles, en faisant converger leurs efforts vers les meilleurs procédés, pour réaliser les pratiques de la métallurgie actuelle, qui en est comme le dernier mot ; de même, il semble que pour pénétrer la nature de ces substances, il y a lieu de reprendre ce difficile problème à diverses époques, pour, sinon le résoudre complétement, au moins le serrer de plus près, en ne négligeant aucun des travaux antérieurs.

Monge, Berthollet et Vandermonde, comme nous l'avons dit déjà, au lieu de demander exclusivement à la chimie, la solution du problème qu'ils s'étaient posé, cherchèrent des lumières dans l'examen même des procédés industriels qui donnent le fer dans ses divers états métalliques.

Ainsi, en ce qui concerne le fer coulé (la fonte), ils se reportèrent au travail du haut fourneau.

La fonte s'y obtenant essentiellement par la réduction et la fusion du minerai au moyen du charbon, ils conclurent de ce seul fait, que la réduction qui est le but de l'opération, ne pouvait pas être tout à fait complète, que d'autre part, le métal obtenu au contact d'une si grande quantité de charbon, ne pouvait manquer de s'en être assimilé une certaine proportion.

C'est ainsi qu'ils arrivèrent à penser, que la fonte est un régule dans lequel du minerai incomplétement réduit est combiné, ainsi qu'une certaine proportion de charbon ; et que ce sont ces proportions, variables d'une fonte à une autre, de minerai non réduit et de charbon combiné qui donnent la raison des différences de qualité des fontes.

Cette manière de raisonner, excellente comme méthode, ne nous paraît pas rigoureuse dans l'usage qu'ils en ont fait.

Le minerai de fer ne passe pas brusquement, et il s'en faut de beaucoup, à l'état de fonte dans l'opération du haut fourneau, mais par des intermédiaires nombreux.

A ne considérer que sommairement les transformations du minerai au haut fourneau, voici ce qu'on observe :

Dès que le minerai chargé au gueulard est un peu descendu dans le haut fourneau, il abandonne son eau de composition, puis après se réduit. Plus bas, le fer s'assimile une certaine quantité de charbon ; plus bas encore, il entre en fusion ; en même temps que les matières étrangères au fer, se combinent à la partie fixe de la castine, et au résidu du combustible (lequel a une certaine importance quand la fusion s'opère au combustible minéral).

La séparation du laitier et de la fonte, commence dès que ces matières sont fondues et fluides; cependant les gouttes de fonte qui tombent devant les tuyères sont encore enveloppées de laitier.

La séparation s'opère surtout dans le creuset.

Mais ces opérations successives du haut fourneau prennent beaucoup de temps, il s'écoule un jour ou un jour et demi entre le moment où le minerai est chargé, et celui où la fonte qui en provient est dans le creuset.

Il s'ensuit que, du moment qu'on appréciait que la fonte, qui est un produit d'art, ne pouvait pas être une substance chimiquement pure, mais devait contenir en mélange les substances qui avaient servi à la produire, ce n'était pas du minerai qu'on devait penser y trouver, au moins en général, mais du laitier.

Comment admettre en effet, que la fonte qui tombe de l'ouvrage d'un haut fourneau dans le creuset, goutte à goutte avec le laitier, s'en sépare absolument.

Nous croyons pour notre part, que chaque globule de fer fondu qui tombe dans le creuset, enveloppé de laitier, garde comme une sorte de pellicule de ce laitier, et que si ultérieurement on refond la fonte, cette portion de laitier mêlée en petites proportions avec toute la partie métallique ne se dégage pas, ou se dégage peu ; que ce laitier qui enveloppe chaque particule de fer, qui sert comme de lien de l'une à l'autre, n'y conserve pas la nature du laitier qui surnage, et qu'on sort du fourneau ; qu'il est plus ferreux.

De sorte que, dans cette manière de voir, qui ne peut manquer d'étonner par cela seul qu'elle est nouvelle, la fonte aurait quelque analogie de constitution avec ces grès calcaires dont les grains sont de quartz, tandis que la pâte qui en forme le ciment est calcaire. Par un phénomène analogue à celui qui a formé ces grès, la fonte se composerait de particules métalliques de fer combinées avec un peu de 'carbone, lesquelles seraient soudées les unes aux autres par une petite quantité de laitier, devenu d'ailleurs plus ferreux que le laitier ordinaire, au contact des particules métalliques enveloppées.

Ajoutons une comparaison, pour rendre notre idée encore plus sensible ; supposons que dans un haut fourneau refroidi on fasse tomber de l'ouvrage dans le creuset, particule à particule, du sable très-mouillé. Ce sable en s'accumulant se tassera, et une partie de l'eau surnagera. Le sable d'en bas plus comprimé gardera moins d'eau. Les choses doivent se passer de même, croyons-nous, entre le laitier et le fer mêlé de charbon à chaud, qu'entre l'eau et le sable à froid.

Sans nous arrêter aux doutes qui accueillent naturellement une opinion nouvelle, nous allons voir si celle-ci ne donnerait pas, de certains faits bien constants, des explications qui seraient de nature à lui faire accorder quelque crédit ; car, c'est dans la concordance avec le plus grand nombre des faits observés, que toute opinion scientifique doit chercher sa base.

Disons d'abord, que si on n'admet pas dans la fonte une assez forte proportion de laitier, dont la composition est plus ou moins différente de celle du laitier sorti du fourneau, il est impossible de se rendre compte du grand déchet que la fonte au charbon de bois, par exemple, éprouve lorsqu'on l'affine avec le même combustible.

Sur 100 kilogrammes de fonte le déchet de l'opération est de 20 kilogrammes au moins, et la production des scories de 30 à 35 kilogrammes, lesquelles contiennent 15 à 20 pour 100 de silice, soit 5 à 7 kilogrammes. Or, les cendres du charbon donnent bien un peu de silice; mais comme il n'y a que 125 kilogrammes de charbon brûlé, il n'en provient de ce fait que 100 à 200 grammes au plus.

Les parois du foyer qui sont de fonte n'en fournissent pas.

La presque totalité vient donc de la fonte, et ne peut s'y trouver que comme élément essentiel du laitier dégagé de la matière métallique.

Nous raisonnons ici sur l'affinage de la fonte au feu d'affinerie, non sur le puddlage qui est actuellement une opération plus répandue, parce que, dans le puddlage, on ajoute à la fonte soit des scories d'affinerie, soit du minerai de fer, ce qui compliquerait le raisonnement, tandis que dans l'affinerie on traite très-généralement la fonte sans addition.

Suivant nous, ce laitier ferreux existerait dans une proportion de 8 à 10 pour 100 du poids de la fonte, ce qui ne contredit cependant pas les données actuellement acquises par la chimie sur la composition des fontes.

En effet, nous avons dit dans l'article précédent que les chimistes avaient trouvé dans la fonte 5 pour 100 de matières étrangères au fer, qui sont : le carbone, le silicium, le phosphore, l'arsenic, le soufre, le potas-

sium, le sodium, le calcium, le magnésium, l'aluminium, le manganèse, le chrôme, le titane, le vanadium,
lecuivre, etc.

Mais dans cette appréciation, les chimistes supposent
que les substances étrangères au fer existent, dans la
fonte, à l'état métallique. Nous pensons qu'il en est
ainsi pour les substances facilement réductibles ; mais
qu'au contraire, les substances difficilement réductibles existent à l'état d'oxydes dans le laitier ferreux
dont nous avons parlé ; et que, dans tous les cas, le silicium y existe à l'état de silice.

Dès lors ces éléments qui, supposés dans les évalua-
tions des analyses à l'état métallique, ne feraient que
5 pour 100 du poids de la fonte, y entrent réellement
en beaucoup plus forte proportion.

Et comme, d'autre part, le laitier est ferreux, il peut
exister dans la fonte en plus grande proportion que n'y
existent les matières étrangères au fer.

Eu égard à ces deux observations, la nouvelle idée que
nous émettons sur la composition des fontes, n'a plus
rien de contradictoire aux résultats connus des analyses.

D'après cette nouvelle vue sur la composition des
fontes, le fer obtenu en refondant la fonte et la travaillant à l'affinerie ou au four à puddler, puis la com-
primant par des appareils mécaniques, serait le fer pré-
existant dans la fonte, dégagé de la presque totalité du
carbone combiné, par l'effet de l'action de l'air ; et aussi
dégagé du laitier ferreux, qui, devenant plus ferreux

encore, sous l'action oxydante du courant d'air, passe-rait à l'état de scories dans l'affinage ou le puddlage, et serait dégagé par l'effort des appareils mécaniques.

L'acier serait composé de fer avec une proportion de carbone moindre que celle qui existe dans la fonte, et presque entièrement dégagé de laitier :

Soit que ce laitier ait été enlevé en préparant le fer pour le cémenter ensuite, si l'acier est un acier de cémen-tation ;

Soit que ce laitier ait été successivement dégagé, dans les opérations qui donnent l'acier de forge ;

Soit que sa proportion ait été diminuée en fondant, pour obtenir l'acier, de la fonte avec du fer ; ce qui réduit d'autant plus, dans le mélange fondu, la propor-tion du laitier qu'y introduit la fonte, qu'une partie surnage, et est enlevée à l'état de scories.

Ajoutons différents faits bien constants, dont la nou-velle hypothèse donne la raison, tandis que l'ancienne ne les explique pas. Ils viennent à l'appui de notre opi-nion, aussi bien que le grand déchet des fontes dans l'affinage ; circonstance journellement observée, dis-cordante cependant avec les idées actuelles sur la nature de la fonte :

1° On sait que la même fonte s'obtient grise ou blan-che, suivant qu'on lui ménage un refroidissement lent, ou qu'au contraire son refroidissement est brusque, comme, par exemple, lorsqu'on la coule dans des lin-gotières de fonte qui ne sont pas chauffées.

8

Dans notre hypothèse, la différence d'aspect des fontes de même nature, ainsi obtenues, s'explique facilement. Dans le refroidissement lent, le fer et le laitier se séparent mieux : le premier se réunit en grains sphériques plus gros, ce qui donne à la cassure de la fonte l'aspect grenu et la couleur grise.

Dans le cas du refroidissement brusque au contraire, les deux substances qui n'ont pas le temps de s'isoler, en obéissant aux attractions moléculaires qui tendent à les séparer, restent mêlées, et aucune trace de séparation n'apparaît. Dès lors, la cassure de la fonte a un aspect plus compacte, plus uni, et, par cela même, elle a une couleur plus blanche.

2° On sait qu'en général l'acier est plus dense que le fer, celui-ci plus que la fonte blanche, et cette dernière plus que la fonte grise; et la métallurgie, qui constate ces faits, ne les explique pas.

Leur explication nous paraît simple.

L'acier est plus pur que le fer, les impuretés du fer étant moins denses que le fer lui-même, l'acier doit avoir une plus forte densité, d'autant que le travail mécanique du fer y forme des fibres qui présentent quelques vides que l'acier n'offre plus quand il a été fondu.

L'excès de densité du fer sur la fonte s'explique facilement par sa plus grande pureté relative en métal.

Quant aux deux natures de fonte qu'on obtient, grise ou blanche suivant le mode de refroidissement, il est à observer que dans le refroidissement lent, les grains métalliques qui s'isolent plus gros doivent laisser autour de chacun plus de vide, et que la masse ainsi refroidie, plus poreuse que celle que donne un refroidissement brusque, doit être moins dense par là même.

En ce qui concerne les fontes grises de nature, leur excès de graphite explique d'ailleurs facilement leur infériorité de densité.

3° On sait que quand on fabrique l'acier de forge, on jette de l'eau sur la fonte en fusion pour la blanchir.

La fonte étant, suivant nous, composée de deux substances qui ne sont pas identiques, l'une métallique, qui domine beaucoup, ce refroidissement brusque doit avoir pour effet, par la contraction qui en est la conséquence, de resserrer les pores du métal, comme le ferait une compression mécanique énergique, et, par suite, d'expurger le laitier ferreux vers les surfaces.

Cette trempe de la fonte se trouve donc, dans notre nouvelle manière de voir sur sa nature, un moyen de l'épurer, et on comprend qu'elle soit utile à la fabrication de l'acier.

4° Du moment qu'on admet que les fontes contiennent un laitier ferreux, celui-ci étant en rapport de composition avec le laitier sorti du haut fourneau qui a donné la fonte, on s'explique que les fontes de diverses origines aient des qualités spéciales.

On comprend encore que certains mélanges de fonte soient avantageux pour le travail du cubilot.

On se rend compte enfin, de la grande différence entre

les fontes obtenues au combustible végétal ou au coke, le premier ne laissant que peu de cendres qui sont alcalines, le second en laissant beaucoup qui sont pierreuses.

Ces cendres différentes de nature et de quantité, qui entrent dans la composition des laitiers, en produisent qui diffèrent de quantité et de nature; et le laitier ferreux de la fonte étant très-différent de nature comme de quantité dans les deux cas, les fontes obtenues sont naturellement aussi très-dissemblables de qualité.

Ajoutons que, dans les hauts fourneaux au coke, les laitiers étant généralement plus visqueux et plus abondants, et dans les hauts fourneaux au combustible végétal, plus liquides et en moins forte proportion, le laitier ferreux doit être plus abondant dans les fontes au coke que dans les fontes au charbon de bois, ce qui est une cause d'infériorité de qualité.

5° Quand des mouleurs veulent obtenir une pièce de fonte bien pure, ils font un jet élevé, et on observe alors que le jet est moins dense que la fonte de l'objet coulé, ce qui n'aurait pas lieu si la fonte était une substance parfaitement définie et homogène, au lieu d'être, comme nous l'indiquons, un mélange.

6° Nous venons de voir que la fusibilité des laitiers et leur proportion restreinte, quoique suffisante, sont des éléments propres à obtenir des fontes de qualité.

Ainsi s'explique l'avantage des minerais manganésifères pour obtenir des fontes aciéreuses.

Le manganèse facilite la fusion des laitiers : ceux-ci

étant plus fluides, la séparation d'avec le métal, qui se produit par l'excès de densité de celui-ci, se fait mieux dans le creuset, et la fonte, plus abondante en parties métalliques, et moins en laitier ferreux, conséquemment plus pure, est plus propre à la fabrication de l'acier.

Pour améliorer la qualité de la fonte au coke, on a ajouté du sel marin à la houille qui sert à le fabriquer, et indiqué que ce sel agissait en faisant disparaître le soufre.

Sans repousser cette explication, nous ferons remarquer que l'amélioration des fontes a une explication plus complète et plus naturelle, si on apprécie que l'alcali du sel rend le laitier plus fluide et plus fusible; de sorte que le laitier ferreux de la fonte est moins abondant, et celle-ci conséquemment plus pure, etc.

Si on nous demande comment la chimie n'aurait pas jusqu'ici reconnu la nature que nous indiquons pour les fontes, nous répondons, qu'elle s'occupe en général de la recherche des substances élémentaires, que les mélanges lui échappent, aussi bien dans la chimie minérale, que dans la chimie organique; qu'en ce qui concerne les fontes particulièrement, leur analyse est difficile, et que la partie métallique, dosée par différence (1), prête par là même à l'erreur; que, d'ailleurs, les procédés d'analyse en usage supposent la silice par-

(1) C'est-à-dire qu'on évalue les substances étrangères au fer, et que tout le reste est supposé du fer.

ticulièrement insoluble dans les acides, tandis que celle du laitier ferreux doit y être soluble, et échappe par là même en partie aux procédés analytiques.

Dans les observations que nous avons présentées sur les idées de M. Frémy, nous avons dit que, sur un sujet d'une utilité aussi immédiate, des idées nouvelles, qui prennent un grand intérêt par là même, devaient, autant que possible, conclure à des modifications avantageuses dans la métallurgie et la fabrication de l'acier, pour que ces modifications, aussitôt employées, formulent pratiquement et utilement ces idées, et leur servent en même temps de preuve.

On est en droit de nous demander, au même titre, quelles conséquences pratiques, pour la fabrication de l'acier particulièrement, nous pensons qu'on peut tirer des nouvelles vues qui précèdent ; les voici :

On sait tout l'intérêt qu'il y a d'obtenir l'acier à bas prix, et combien d'applications différentes attendent le métal ainsi obtenu, quand le problème aura été résolu.

A ce titre, les recherches nouvelles pour obtenir l'acier par puddlage se trouvent, et ont été signalées comme du plus haut intérêt.

Cependant, jusqu'ici, les produits obtenus sont extrêmement variables, et cette incertitude du résultat paralyse tous les avantages de la nouvelle méthode.

Suivant nous, on réussirait beaucoup mieux, en cherchant, par une modification du four à puddler, à obtenir l'acier fondu, non l'acier de forge.

En effet, si, creusant la sole du four à puddler, et faisant cependant une modification correspondante à la voûte pour que la température y reste aussi élevée, on y maintenait assez longtemps la fonte en fusion, sous l'action du courant d'air, elle tournerait à l'acier, et la masse, étant fondue, resterait homogène, pourvu qu'on prît soin de la brasser.

Cette tendance de la fonte en fusion à se transformer en acier, sous l'action d'un courant d'air, a été dès longtemps remarquée; elle est signalée par les auteurs du mémoire de 1786.

Dans la circonstance que nous indiquons, la transformation s'opérerait par deux causes.

Le courant d'air, agissant sur la fonte en fusion, formerait à la surface un bain de scories; celles-ci rendraient au-dessous le laitier ferreux plus fluïde, ce qui tend, comme nous avons vu, à améliorer la fonte; de plus, par la même action, le carbone en excès serait brûlé.

Enfin, la fonte étant en bain, d'une certaine profondeur, la simple pression du bain sur la couche inférieure tendrait à l'épurer.

On coulerait l'acier fondu, ainsi obtenu, par une coulée ouverte par intervalles, à la partie inférieure du bain.

On faciliterait et on accélérerait l'opération en mêlant au bain de l'oxyde de manganèse et du sel marin, dans la quantité et la proportion qui ont été indiquées à cet égard pour la fabrication de l'acier puddlé.

On pourrait employer aussi très-utilement une chauffe profonde, analogue aux foyers à ligneux de Carinthie, qui, chargée de houille, donnerait des gaz carbonés, et une tuyère d'air chaud, débouchant sur la sole du four, au-dessus du pont.

Gouvernant le foyer et la tuyère, un ouvrier intelligent, beaucoup plus maître de la nature et de l'énergie du courant d'air, que dans un four à puddler ordinaire, obtiendrait facilement un bon résultat.

Les coulées se feraient dans des lingotières; l'acier y prendrait en se figeant la forme de barreaux, et ces barreaux, martelés ou laminés, recevraient, par une compression énergique, l'excédant de ténacité sur l'acier fondu, que le travail mécanique de la forge communique à celui-ci.

Les parois du four resteraient en fonte, à courant d'eau ou à courant d'air. Dans ce dernier cas, la circulation d'air nécessaire pour rafraîchir les parois pourrait être utilisée pour élever la température de l'air injecté sur la sole.

Nous n'insisterons pas sur la portée de cette expérience, si elle établissait, comme nous présumons, qu'on peut obtenir l'acier dans les conditions avantageuses que faisait espérer le procédé de puddlage, en écartant les chances d'incertitude et d'irrégularité des résultats qui paralysent, quant à présent, les avantages qu'on en attendait.

Nous pensons qu'on pourrait encore obtenir l'acier dans de très-favorables conditions de prix de revient, en opérant comme suit :

Les fontes destinées à l'opération, qui seraient des fontes au bois de qualité, seraient blanchies au sortir du fourneau , en les coulant dans des lingotières de fonte.

Nous indiquons l'usage des fontes de qualité, non que nous pensions que les fontes les plus ordinaires ne puissent donner de l'acier; car nous croyons, au contraire, qu'en les travaillant suffisamment, on peut leur enlever leurs impuretés, et par suite y développer les qualités aciéreuses; mais parce que ce résultat ne peut pas toujours s'obtenir industriellement. Possible en théorie, cette purification des fontes entraînerait, dans la pratique ordinaire, des dépenses de main-d'œuvre et de combustible, qui sont, dans le travail des usines, une véritable impossibilité.

Les lingots de fonte blanche de première fusion, ainsi obtenus, seraient refondus, non avec le coke qui, par le soufre et les cendres qu'il contient, altérerait la qualité de la fonte, mais avec du charbon de bois.

On emploierait à cet effet une sorte de cubilot, auquel on donnerait intérieurement une forme approchante de celle d'un petit haut fourneau. Le soufflage devrait être énergique pour développer une très-haute température, utile à la séparation de la partie métallique et du laitier ferreux de la fonte.

Pour que le charbon de bois pût supporter, sans être

projeté, la pression de vent nécessaire, équivalente ou supérieure à celle dont on fait usage pour les hauts fourneaux, le combustible serait introduit au gueulard par une trémie, à laquelle on donnerait, dans cette intention, un diamètre restreint, et qu'on intercepterait, au besoin, en fermant en partie son ouverture.

Le garnissage intérieur du fourneau pourrait être du poussier de charbon, mêlé de la quantité d'argile réfractaire strictement nécessaire pour le maintenir ; un garnissage en briques pourrait échapper dans la fonte des fragments qui la gâteraient.

L'acier fondu serait obtenu dans le creuset, et on faciliterait, croyons-nous, le résultat par la même addition de manganèse et de sel marin indiquée ci-dessus. Cette addition se ferait par le gueulard.

Ainsi refondue au charbon de bois, la fonte ne pourrait, suivant nous, que se purifier ; car en ruisselant fondue dans le creuset, et dans le creuset lui-même, elle serait dans des conditions favorables à la séparation du laitier ferreux.

Ajoutons que les cendres alcalines du charbon de seconde fusion, tendant à rendre ce laitier ferreux plus fluide, seraient un agent d'épuration ; que le manganèse et le sel marin agiraient dans le même sens.

Remarquons d'ailleurs que, lorsque, tout récemment, on a obtenu de l'acier en fondant du fer avec du prussiate de potasse, on a pensé qu'on agissait sur le fer par l'azote de ce composé, tandis que, suivant nous, on a agi par l'alcali, soit comme fondant, soit par un effet analogue à celui que nous venons d'indiquer.

L'acier fondu dans le creuset du fourneau dont nous venons de parler, serait coulé en barreaux, lesquels seraient martelés ou laminés.

Il est évident que si cette expérience avait le succès que nous croyons, l'acier serait produit dans des conditions de prix de revient très-favorables.

XXIV

Observations sur la fonte malléable et les moyens de l'obtenir.

On sait qu'on a cherché depuis longtemps le moyen de donner à un objet coulé en fonte, la malléabilité du fer ou de l'acier.

Cette question fut abordée avec quelque succès par Réaumur, puis abandonnée.

En 1804, la Société d'encouragement proposa un prix élevé pour un procédé usuel d'obtenir la fonte malléable, et ce n'est que quatorze ans après que ce prix fut décerné à MM. Baradel et Déodor.

Cet art est actuellement pratiqué en Angleterre et en Belgique, mais seulement pour des objets de petite épaisseur : clous, étriers, poignées de voiture, crosses et sous-garde de fusils, couteaux, etc.

Les procédés qu'on emploie sont peu connus. Voici, toutefois, quelques détails sur le travail de plusieurs usines qui se livrent à cette fabrication à Westbrum-wich, entre Birmingham et Duddley.

Les objets sont coulés en fonte grise au bois, refon-due au cubilot. Ils blanchissent dans les moules. On place les objets avec du poussier de coke dans des vases en tôle, supportés par un chariot de fer qu'on intro-duit dans un four convenablement disposé. On chauffe vingt-quatre heures, puis on retire le chariot mobile sur rails, et on laisse refroidir lentement. Les objets ont perdu leur aigreur, et on en peut tourner l'inté-rieur facilement (1).

On sent toute l'importance de ce procédé s'il pouvait être employé pour de gros objets, ainsi pour des engre-nages d'usines. La malléabilité de la fonte éviterait le bris des dents, les accidents qu'ils causent, et les chô-mages qui en sont la suite.

Dans l'artillerie, la fonte pourrait remplacer le bronze pour les canons, comme les Américains ont tenté de le faire sans que leurs canons, toutefois, aient résisté aux épreuves.

La production et l'emploi de la fonte malléable sur une grande échelle, est une des questions qui, à ces divers titres, paraît le plus susceptible d'amener des progrès saillants en métallurgie.

'L'expérience ayant appris que la pureté de la fonte

(1) *Traité de la fabrication de la fonte,* par Valérius, p. 28.

est une condition essentielle pour qu'on puisse la rendre malléable après le moulage, nous pensons qu'il y aurait quelque chance de succès d'obtenir de gros objets en fonte, ayant la ténacité et la malléabilité voulues, en refondant des fontes de choix par l'un ou l'autre des deux procédés que nous avons indiqués pour obtenir l'acier.

On a vu dans l'article relatif au procédé de M. Bessemer, qu'en prolongeant un peu l'opération qui lui sert à obtenir l'acier, le métal fondu était du fer, et qu'il obtenait par moulage de grosses pièces de fer qui avaient la résistance, la ténacité et la malléabilité voulues, sans que le fer eût subi aucun corroyage.

Ce fait et d'autres semblables établissent que la fonte malléable et l'acier sont très-voisins de nature. La plus grande différence est que l'acier est durci par un refroidissement brusque, tandis que la fonte malléable doit sa qualité à un refroidissement très-lent.

Il serait peut-être possible d'obtenir la fonte malléable de première fusion dans des hauts fourneaux au combustible végétal, alimentés par des minerais de choix.

En effet, dans la pratique ordinaire, la fonte qui sort chaude du haut fourneau est, ou coulée en gueuses dans du sable sur le sol de l'usine, ou immédiatement versée dans des moules de sable pour prendre les formes du moulage de première fusion, ou exceptionnellement coulée dans des lingotières de fonte quand on veut la blanchir.

Mais, dans tous ces cas, la fonte, avec toute la température qu'elle a dans le creuset, se trouve immédiatement en contact avec un sable, ou un métal froid. Elle éprouve une transition forte et brusque de température du chaud au froid, qui agit en sens inverse de ce que l'expérience fait connaître comme désirable pour obtenir la fonte malléable.

Si on suppose, au contraire, que la rigole de coulée creusée dans le sable soit amenée à une température sensiblement voisine de celle de la fonte, que les moules de sable dans lesquels la fonte prend sa forme soient chauffés de même ; que les coquilles de fonte ayant la forme de lingots soient chauffés également ; en évitant, toutefois, la température de leur ramollissement ou de leur fusion ; si, dans tous ces cas, on fait la coulée et qu'une fois effectuée on ne laisse faire le refroidissement que par transition ménagée, rien n'indique que la fonte n'aurait pas alors en masse, ou la qualité malléable, ou une propension déterminée à la prendre.

Ne pourrait-on pas espérer d'obtenir la fonte complétement malléable, en garnissant les moules des mêmes substances qu'on a employées jusqu'ici pour obtenir la décarburation, ou bien encore en chauffant de nouveau les lingots ou les objets moulés, au milieu d'une poussière susceptible de produire la décarburation, au moins jusqu'à une certaine profondeur, et de communiquer à la fonte, par le procédé actuellement en usage pour les petits objets, une résistance et une malléabilité convenables ?

L'emploi des gaz des hauts fourneaux permettrait de chauffer ces moules sans dépense spéciale de combustible.

Il serait téméraire de préjuger les résultats de pareilles expériences; mais il est constant que s'ils étaient satisfaisants, ils seraient d'une grande portée pour la métallurgie.

XXV

Coup d'œil sur les conditions de la métallurgie en Angleterre et en Belgique, comparées à celles de la France.

Nous jetterons, pour terminer ce travail, un coup d'œil sur la situation de la métallurgie en Angleterre et en Belgique.

S'il constate que la lutte industrielle de la métallurgie française avec ces deux pays est devenue plus difficile, nous pensons cependant que ce coup d'œil sera rassurant; car, au premier moment, on s'est exagéré cette difficulté.

La métallurgie anglaise doit presque exclusivement sa supériorité à la richesse et à la situation de ses dépôts houillers, et à la facilité qu'ils présentent pour l'écoulement des produits.

L'opinion qu'on se formait en France de leur avantage, au moment des traités, était tant soit peu différente; mais cette appréciation nouvelle et plus vraie, est ressortie clairement, soit de l'enquête, soit d'un mémoire sur l'état de la métallurgie en Angleterre, récemment publié, après un voyage spécial fait en mai et juin 1860, par MM. Gruner, ingénieur en chef des mines, et Lan, ingénieur des mines (1).

Dans cette rapide esquisse, ce sont surtout les faits saillants, résultant de cette enquête sur les lieux, que nous nous proposons de faire connaître.

Au début de leur travail, ces savants ingénieurs (2) remarquent que les hauts fourneaux au charbon de bois ont presque disparu de l'Angleterre, depuis la fin du siècle dernier, et que les districts de forges se sont formés sur chacun des grands bassins carbonifères du Royaume-Uni.

Ces districts métallurgiques peuvent se ranger au nombre de quatre, comme les bassins houillers, sur lesquels ils se sont établis.

Celui de ces districts où l'industrie du fer s'est d'abord développée, est celui du centre, le seul des quatre analogue par sa situation aux bassins houillers de la France, qui sont tous à l'intérieur. Il comprend les forges du Staffordshire, entre Birmingham et Duddley et aux environs de Wolverhampton.

Moins avantageusement placé que les trois autres pour l'exportation des produits bruts, son industrie est

(1) *Annales des mines,* t. XIX, p. 131, année 1861.
(2) M. Gruner est professeur de métallurgie à l'École des mines de Paris; M. Lan fait le même cours à l'École des mineurs de Saint-Étienne.

arrivée à fabriquer des fers de qualité, des ustensiles et des machines de toute sorte et à produire et employer l'acier dans le Yorkshire.

La formation houillère du Staffordshire, dans son prolongement au nord, se divise en deux branches ou bassins principaux qui sont à l'est et à l'ouest, sur chacun des deux versants de la chaîne Pennine, dont les points culminants courent du nord au sud de l'Angleterre.

Les trois autres grands bassins houillers de l'Angleterre sont littoraux; ce sont :

Le bassin du sud-ouest, dans le pays de Galles, dont les forges sont aux environs de Neath et surtout de Merthyr-Tidwill, où le voisinage de la mer et la rareté de la population ont déterminé la formation de grandes usines peu nombreuses, produisant surtout du gros fer et des rails. On y trouve des houilles de toutes qualités, mais surtout des houilles sèches et de l'anthracite. Ses produits gagnent, par des canaux, les ports de Cardiff et de Newport.

Celui de Newcastle, au nord-est, dans les comtés de Durham et de Northumberland, dont la fabrication en rails et gros fer est analogue à celle du bassin du pays de Galles, comme sa situation. On y fabrique, de plus, des tôles communes et des moulages ordinaires.

Beaucoup de forges y sont de création récente, et n'existaient pas avant 1848.

Enfin le district nord de l'Écosse, ou bassin houiller de Glascow et d'Édimbourg, qui, placé avantageusement pour l'exportation, y livre beaucoup de fontes

9

brutes pour le moulage, et dont les usines sont généralement très-bien montées.

En opposition avec le nombre très-restreint des bassins houillers de l'Angleterre, qui sont très-étendus,
nous rappellerons que le nombre des bassins houillers,
en France, est de 62, dont plus de moitié, soit par leur
trop faible étendue, soit par le prix de revient trop élevé
de la houille, soit par la difficulté des transports, n'ex-
portent pas leurs produits et les consacrent exclusivement à la consommation locale (1).

Il ne faudrait pas conclure, cependant, que la division de nos bassins, comparés à ceux de l'Angleterre,
soit représentée d'une manière absolue par les nombres
62 et 4.

La division des terrains houillers en bassins peut se
faire de façons très-différentes, et, par exemple, le bassin houiller de l'Écosse, que nous ne comptons que
pour un, est généralement divisé en trois.

Il n'en est pas moins vrai que nos bassins sont beaucoup plus nombreux et tous éloignés du littoral, et
qu'en réunissant leurs superficies, on constate que les
bassins houillers de l'Angleterre ont beaucoup plus
d'étendue que les nôtres : cinq fois autant environ.

La France consomme annuellement 135 millions de
quintaux métriques de houille ; elle en reçoit de l'é-

(1) Rapport à l'Empereur sur les voies de communication pour
faciliter le transport des houilles, par M. le Ministre des travaux
publics, du 25 février 1860.

tranger 58 à 59 millions, et en exporte 1 ou 2 millions.

Sa consommation de houille dépasse de 57 millions sa production, qui est de 78 millions environ de quintaux métriques.

L'Angleterre produit 650 millions de quintaux de houille, dont elle exporte 1/10. Sa production est ainsi, actuellement, de plus de huit fois celle de la France, tandis que sa consommation n'est guère supérieure à quatre fois la nôtre.

Enfin, tandis que la tonne de houille, qui revient à 12 fr. 50 c. en moyenne, en France à l'orifice des puits, se vend 25 francs; en Angleterre, elle ne revient qu'à 5 et 6 francs à l'entrée des mines, et ne se vend que 17 à 18 francs aux lieux de consommation.

Tels sont les chiffres qui établissent l'avantage très-saillant de l'Angleterre sur nous, au point de vue des quantités de houille extraites de son sol, de la consommation de ce combustible, et du prix de vente.

Cet avantage est considérable, soit pour la production houillère elle-même, soit au point de vue des forges dont la houille est l'aliment principal. Il est dû à la richesse des bassins houillers, et à leur proximité de la mer, circonstances naturelles contre lesquelles il n'est pas possible de prendre l'égalité, encore moins l'avantage.

Mais cette supériorité bien reconnue, en passant en revue les autres éléments de la production du fer, on voit qu'elle est à peu près la seule.

S'agit-il, par exemple, des voies de transport, on remarque, comme nous l'avons dit, que le voisinage de la mer est un avantage, car le fret ne coûte, pour les distances ordinaires, que moitié des transports par terre, et, pour les grandes distances, que le tiers ou le quart.

En outre, des appareils très-perfectionnés de chargement et de déchargement, établis dans les ports, concourent à réduire le fret, en supprimant la main-d'œuvre et les pertes de temps que les mêmes opérations occasionnent chez nous.

Mais, en ce qui concerne les voies de transport ordinaires, l'Angleterre n'a pas d'avantages saillants.

S'il est vrai que ses voies de fer et ses canaux sont très-multipliés, que, dans certaines vallées, comme chez nous, et plus souvent que chez nous, on trouve une voie de fer et un canal, voisins et parallèles ; il est également vrai que ces transports, s'ils donnent des facilités, coûtent un peu plus qu'en France, et que le transport par canaux, ici, parce que le canal est aux mêmes mains que le chemin de fer, là, par l'effet de la concurrence, coûte autant que le transport par voie de fer.

Il faut ajouter, en ce qui concerne les canaux, que leur établissement était facilité, en Angleterre, par sa situation topographique.

Ce pays, généralement plat, à montagnes peu élevées, baigné de toutes parts par la mer, présentait, pour établir des canaux, des facilités dont on a bien profité. Ils ont sur les canaux français un avantage saillant : c'est qu'indépendamment du canal principal, toute usine importante a le sien. Ainsi, les matières expédiées profitent du transport par eau dès l'usine, où d'ailleurs des dispositions fixes sont prises pour faciliter le chargement et le déchargement.

Ainsi encore, la voie principale, débarrassée des bateaux stationnaires, offre un transport plus commode et plus rapide aux bateaux chargés.

Le bénéfice de ces dispositions compense bien l'excès de prix de transport des canaux anglais sur les nôtres.

Les voies de fer, par leurs embranchements sur les usines, ont un avantage analogue.

En résumé, donc, les voies de transport intérieures donnent les mêmes facilités en France qu'en Angleterre, au point de vue de la dépense du transport qui est l'élément le plus essentiel.

Sous le rapport de la main-d'œuvre des forges, c'est la France qui a l'avantage.

En effet, la vie plus chère, l'insuffisance des produits agricoles, l'abondance des capitaux, l'activité exceptionnelle de l'industrie, rendent la main-d'œuvre de l'ouvrier plus chère en Angleterre qu'en France.

Tandis que le manœuvre français se paie 2 à 3 francs, l'ouvrier anglais qui le remplace, reçoit 2 ou 3 schellings. Le schelling vaut 1 fr. 26 c.; c'est donc un avantage de 25 p. 100 environ en faveur de la main-d'œuvre française.

Toutefois, l'ouvrier français répugne à un travail manuel constamment le même, que l'ouvrier anglais accepte plus volontiers. C'est un désavantage qui n'est pas sans compensation, mais un désavantage.

De plus, l'outillage des usines anglaises et des grandes mines est plus complet, en général, que le nôtre ; de sorte que, chez nous, la même main-d'œuvre n'obtient pas les mêmes résultats. Il faut ajouter, toutefois, que la différence s'efface chaque jour.

Sous le rapport des minerais, l'Angleterre est loin d'être aussi bien partagée qu'on le croit généralement. M. Dufrénoy, après avoir visité l'Angleterre, s'est exprimé ainsi dans son *Traité de minéralogie* (1) :

« Tous les terrains houillers renferment les minerais de fer houillers, mais ce n'est que dans un petit nombre de localités qu'ils existent avec assez d'abondance, pour donner lieu à l'établissement de hauts fourneaux.

« La réunion du combustible et du minerai permet de fabriquer le fer à un prix fort modéré. Tel est le secret de la supériorité incontestable de l'Angleterre pour la production du fer. »

C'est dans le même sens, que M. Thiers, dans son discours sur le régime commercial de la France (2), a cité comme avantage particulier au profit de l'Angleterre, que bien souvent la houille et le minerai sont stratifiés ensemble.

Ces allégations, dégagées des restrictions qui les accompagnent, ont accrédité l'idée que le minerai de fer

(1) T. II, p. 506.
(2) Prononcé à l'Assemblée nationale les 27 et 28 juin 1851.

est moins cher en Angleterre qu'en France; cependant, c'est le contraire qui a lieu.

Ce fait est ressorti lors de l'enquête à la suite du traité de commerce, des déclarations des commissaires anglais; et le mémoire de MM. Gruner et Lan en fait connaître en détail les raisons.

A l'inverse de ce qui a lieu en France, où les minerais de fer se trouvent surtout en alluvion dans les terrains géologiquement les plus récents et se tirent à ciel ouvert, les minerais de fer en Angleterre s'extraient principalement dans les terrains les plus anciens, et par travaux de mines.

La formation houillère produit sensiblement plus de la moitié des 10 millions de tonnes de minerai annuellement fondues en Angleterre.

Les terrains qui supportent les terrains houillers proprement dits, interposés entre les terrains de transition et la formation carbonifère, fournissent la moitié du reste.

L'excédant est tiré surtout de la formation du lias.

Or, le minerai carbonaté du terrain houiller est en veines de $0^m,15$ à $0^m,20$ de puissance, exceptionnellement $0^m,40$ à $0^m,50$. Presque jamais ces veines ne sont assez rapprochées de la houille pour une exploitation commune.

L'exploitation faite à l'origine à ciel ouvert, après par de petits puits, doit avoir lieu maintenant par des fosses profondes.

Ces fosses s'utilisent rarement pour le minerai, en même temps que pour la houille ; et, même quand l'exploitation a lieu par la même fosse, les chantiers et les voies de roulage sont tellement distincts que c'est un faible avantage pour le prix de revient.

Il suit de là que ce minerai, encore bien que tiré de la même formation géologique que la houille, ce qui ferait supposer son prix très-peu élevé, se paie de 10 à 12 francs dans le pays de Galles et le Staffordshire, et qu'en Écosse la tonne va jusque 18 et 19 francs; à quoi il faut ajouter 1 ou 2 francs pour le transport aux hauts fourneaux.

Le minerai du lias ne revient, il est vrai, qu'à 5 ou 6 francs la tonne, mais l'hématite rouge du Cumberland et du Lancashire coûte de 22 à 25 francs.

Ainsi, nous sommes plus riches en minerai de fer que les Anglais, en ce sens que nos grandes usines paient moins pour le minerai, par tonne de fonte obtenue.

On peut admettre en moyenne que la tonne de minerai anglais coûte 8 francs sur les mines, et 9 ou 10 francs aux hauts fourneaux; tandis qu'en France, la statistique minérale de 1849 évalue le prix des minerais prêts à fondre à 6 fr. 28 c., les 1000 kilogrammes, et 8 fr. 88 c. rendus aux hauts fourneaux, et leur teneur est supérieure.

On voit donc qu'il résulte bien de ces nouveaux détails sur la métallurgie anglaise, comme nous l'avions avancé, que son véritable et seul avantage est la houille.

Les Anglais perdent cet avantage en partie, par la grande consommation qu'ils font de houille, pour produire une tonne de fer.

Cela tient surtout à ce qu'ils n'utilisent pas comme nous, au moins aussi complétement, les flammes perdues des hauts fourneaux et des forges.

La moyenne générale de leur consommation est de 7 tonnes environ, tandis que chez nous, après avoir dépensé, lors de la création de nos usines anglaises, jusqu'à 26 tonnes de houille (ainsi à Decazeville vers 1830, et presque autant au Creuzot), on ne dépasse guère maintenant 5 tonnes.

Si notre avantage sur les Anglais n'est pas exactement de 5 à 7, au moins pouvons-nous penser qu'il est bien de 20 pour 100.

Nous n'ajouterons que quelques mots en ce qui concerne la Belgique.

Le traité de commerce fait avec cette puissance est loin d'avoir excité l'attention au même degré que le traité fait avec l'Angleterre.

S'en occuper autant, serait y donner plus d'attention que l'industrie française et la métallurgie, bons juges de leurs intérêts, n'ont fait eux-mêmes.

Il nous suffira de quelques explications pour montrer que la métallurgie belge est à peu près dans la même situation de production que la métallurgie française, qu'elle ne peut être inquiétante pour nous que parce que ses usines, avec une pleine activité, peuvent

produire, en fer et fonte, le tiers de la production même
de la France.

Si ce n'était cette grande production exceptionnellement possible, la métallurgie belge n'atteindrait guère
par l'effet du traité que nos forges du Nord et du Nord-
Est qui bordent sa frontière.

Quelques-unes de ces forges, protégées de la concurrence anglaise par leur éloignement du littoral, peuvent se trouver atteintes par la concurrence des fers et
fontes belges qui, n'acquittant que les mêmes droits
que les produits anglais, n'ont qu'une frontière au lieu
d'un bras de mer à traverser. Peut-être, devront-elles
modifier leur production, et localiser leurs débouchés.
Hors de là, protégée par le droit et par les distances, la
métallurgie française peut très-facilement, pensons-
nous, soutenir la lutte.

La fabrication du fer en Belgique est fort ancienne,
mais ce n'est que lorsque les procédés anglais s'y sont
introduits de 1826 à 1829, c'est-à-dire en même temps
que chez nous, qu'elle a pris un grand essor.

L'esprit d'association et de bonnes institutions
commerciales y ont puissamment aidé à la création
de houillères et de forges anglaises très-importan-
tes. On y a consacré un capital de près de 100 millions.

La Belgique est traversée à peu près de l'est à l'ouest
par son bassin houiller qui s'allonge, suivant le cours
de la Meuse, de Charleroi à Liége, se prolonge au delà

jusqu'après Aix-la-Chapelle, et en deçà jusqu'à Mons,
Valenciennes, etc.

Ses usines anglaises existent sur le bassin houiller
lui-même, dans l'arrondissement de Charleroi, les pro-
vinces de Namur et de Liége. Les usines seules du
Luxembourg emploient le charbon de bois.

Ses voies de communication sont belles et bien en-
tretenues, ses voies navigables et ses chemins de fer lui
donnent des communications comparables à celles de
l'Angleterre.

Aucune enquête spéciale, relative à la Belgique, ne
nous donne le moyen d'indiquer aussi exactement sa
situation actuelle que nous l'avons fait pour l'Angleterre; mais on peut sans inconvénient remonter à quelques années; car toutes ses grandes usines sont plus
anciennes.

En faisant la moyenne du prix de revient, soit de la
houille, soit du minerai de fer qui a d'assez grands transports à subir pour se rendre aux usines, on ne trouve pas
que la Belgique ait d'avantage sur nous. Elle n'en a pas
non plus sous le rapport de la main-d'œuvre, qui est au
moins aussi chère.

Si la houille n'y a pas un prix exceptionnellement
favorable, la Belgique a cet avantage, qu'elle en extrait
plus des 2/5 de ce que produit la France, dont l'étendue
est proportionnellement bien plus grande. Ajoutons
que cet avantage n'est pas sans compensation, puisque
la Belgique, fournit, en les alimentant de houille, à nos

usines du Nord-Est, un élément essentiel d'activité qu'il serait difficile de remplacer.

Nous n'irons pas plus loin dans ces considérations qui sortent du cadre de notre travail. Nous nous y sommes proposé de fournir des indications utiles à la métallurgie, plutôt que d'en examiner la situation.

Nous pensons d'ailleurs être en cela d'accord avec l'esprit général en France qui est bien plutôt, vis-à-vis des difficultés, non de les discuter longtemps, mais de se préparer à les vaincre.

Nous espérons que pour la métallurgie, comme pour ses autres industries, la France, appréciant sa situation, restera, dans la lutte pacifique qui s'engage, confiante dans ses ressources comme dans son génie.

FIN.

TABLE DES MATIÈRES

Avertissement.. v

I. — Emploi des gaz des hauts fourneaux au combustible
végétal ou au coke............................. 1

II. — Emploi de l'air chaud......................... 9

III. — Emploi du bois vert desséché ou torréfié.......... 18

IV. — Emploi du coke en mélange avec le combustible
végétal... 30

V. — Avantages de l'emploi du coke épuré dans les hauts
fourneaux au coke. Emploi de la houille.......... 38

VI. — Feux d'affinerie voûtés et fours à la suite......... 42

VII. — Emploi de l'air chaud dans les feux d'affinerie..... 48

VIII. — Emploi du bois vert desséché ou torréfié dans les
affineries...................................... 49

IX. — Emploi du ligneux dans les forges en Russie, en
Suède et en Autriche........................... 51

X. — Utilisation des flammes des feux de finerie........ 53

XI. — Utilisation des flammes des fours à puddler pour
produire la vapeur nécessaire au cinglage et au mouvement des cylindres ébaucheurs.................. 54

XII. — Fours à courants d'air et fours bouillants........ 58

XIII. — Emploi des flammes des fours à réchauffer....... 59

XIV. — Possibilité de l'emploi des flammes des fours à puddler ou à réchauffer au chauffage du fer.......... 60

XV. — Supériorité du marteau-pilon sur la presse à cingler. 62

XVI. — Possibilité d'obtenir la fonte, le fer en barres, et même la tôle sur un terrain indépendant de toute force hydraulique, choisi pour la facilité des approvisionnements et des écoulements........................ 63

XVII. — Observations relatives à l'installation des laminoirs. 66

XVIII. — Des forges catalanes et de la manière dont elles peuvent s'assimiler les progrès précédemment indiqués.. 70

XIX. — Procédés métallurgiques nouveaux. — Ils s'appliquent particulièrement à la production de l'acier.... 82

XX. — Procédé de M. Chenot pour la fabrication de l'acier. 89

XXI. — Procédé de M. Bessemer....................... 91

XXII. — Observations sur la nature de l'acier et les recherches nouvelles de M. Frémy...................... 97

XXIII. — Dans quel sens les idées actuelles sur les états métalliques du fer paraissent devoir être modifiées....... 106

XXIV. — Observations sur la fonte malléable et les moyens de l'obtenir.................................. 123

XXV. — Coup d'œil sur les conditions de la métallurgie en Angleterre et en Belgique, comparées à celles de la France... 127

FIN DE LA TABLE DES MATIÈRES.

CORBEIL. — Typogr. et stér. de CRÉTÉ.

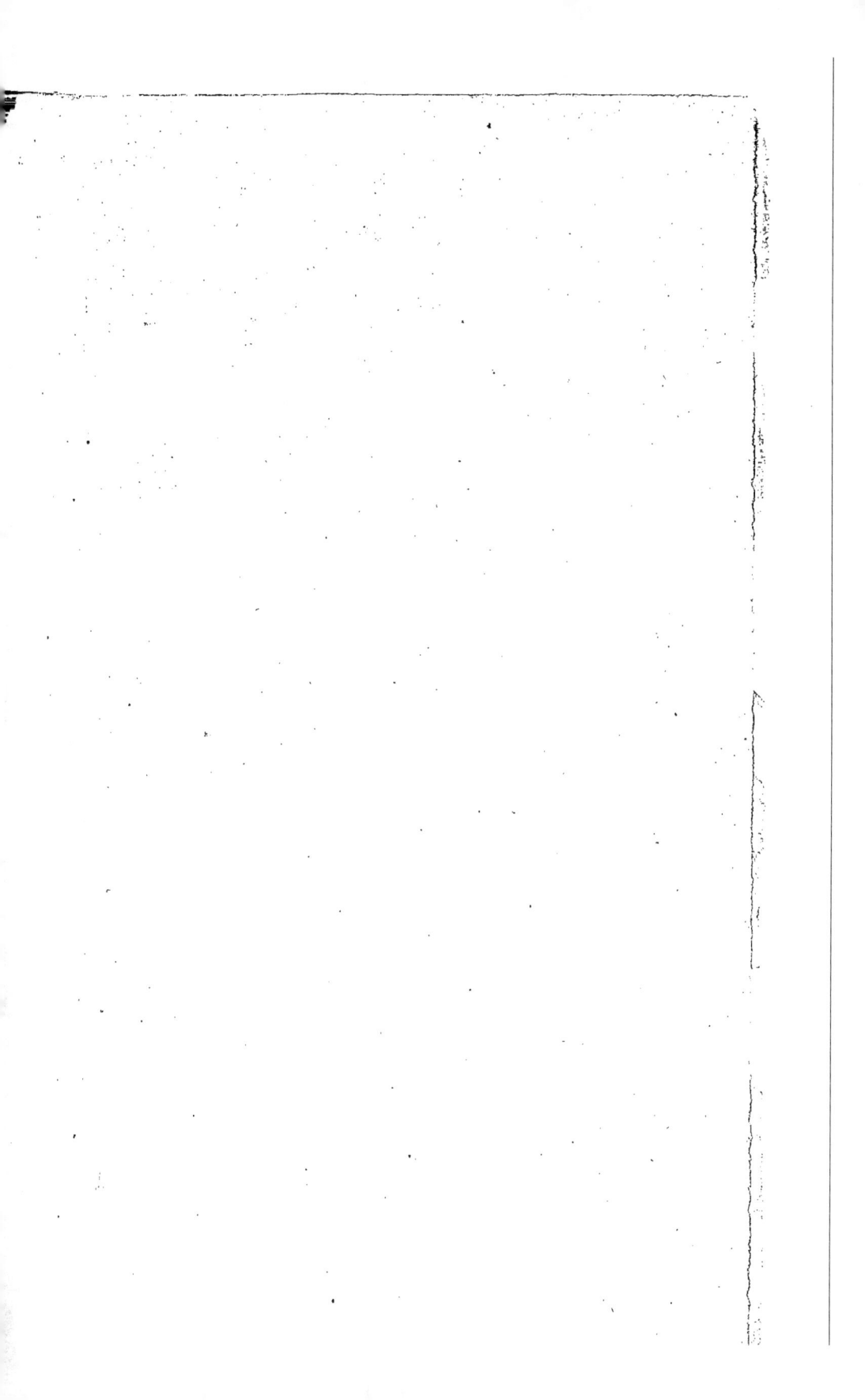

GRUNER, ingénieur en chef des mines, professeur de métallurgie à l'École impériale des mines, et LAN, ingénieur des mines, professeur de métallurgie à l'École des mineurs de Saint-Étienne. **État présent de la Métallurgie du fer en Angleterre.** 1 fort vol. in-8 et planches. *Sous presse.....* 15 fr.

CALLON, ingénieur en chef des mines, professeur d'exploitation et de machines à l'École des mines. **Sur les progrès récents de l'exploitation des mines.** In-8°.. 2 fr.

COUCHE, ingénieur en chef des mines, professeur de construction et de chemins de fer à l'École des mines. **Rapport au ministre** sur l'application de la tôle d'acier fondu à la construction des chaudières à vapeur. In-8°............. 2 fr.

TRESCA, ingénieur et directeur du Conservatoire des arts et métiers. **Procès-verbal des expériences** faites sur la résistance des tôles en acier fondu pour chaudières. In-8°, pl........ 2 fr. 50

DEVILLE (Henri Ste Claire), membre de l'Institut, professeur de chimie à la Faculté des sciences; DE BEAULIEU et CARON, officiers d'artillerie. **Rapport à l'Empereur** sur les essais faits par son ordre aux forges de Montataire sur la fusion de l'acier au four à réverbère, sans emploi de creusets, procédé de M. Sudre, pl...... 5 fr.

PERRET. **Mémoire sur l'acier.** In-8............. 3 fr. 50

LEPLAY, ingénieur en chef des mines. **Mémoire sur la fabrication** et le commerce des fers à acier dans le nord de l'Europe. In-8°. 3 fr.

— **De la Méthode nouvelle** employée dans les forêts de la Carinthie pour la fabrication du fer. In-8. 6 pl................. 4 fr. 50

RIVOT, ingénieur des mines, profess. de docimasie à l'École des mines. **Traité d'analyse des substances minérales**, à l'usage des ingénieurs des mines et des directeurs de mines et d'usines. 4 forts vol. in-8°.

— Les tomes I et II sont en vente. Prix.................. 24 fr.

CORBEIL, typog. et stér. de CRÉTÉ.

www.ingramcontent.com/pod-product-compliance
Lightning Source LLC
Chambersburg PA
CBHW071841200326
41519CB00016B/4192